고품격 삶의 연출

친절서비스 감동교육

— 현대 에티켓 토털 서비스 명강 —

김진익 지음

도서출판 한글

저자와
협의인
지생략

친절서비스 감동교육

2003년 8월 25일 1판1쇄 발행
2005년 5월 10일 1판2쇄 발행
2007년 7월 15일 1판3쇄 발행
2008년 8월 15일 1판4쇄 발행
2009년 10월 15일 1판5쇄 발행
지은이 김 진 익
발행자 심 혁 창
발행처 **도서출판 한글**
서울특별시 서대문구 북아현동221-7
☎ 02) 363-0301 /영업부 02-362-3536
FAX 02) 362-8635
E-mail : simsazang@hanmail.net
등록 1980. 2. 20 제312-1980-000009
△ 파본은 교환해 드립니다
IN GOD WE TRUST
정가 15,000원

ISBN 978-89-7073-082-6-93230

고품격인의 10가지 신조

1. 항상 사랑의 마음을 갖는다.

2. 항상 긍정적인 사고를 갖는다.

3. 항상 생명을 살리는 언어 표현을 한다.

4. 항상 밝은 표정으로 상대를 대한다.

5. 항상 내가 먼저 인사한다.

6. 항상 용모와 복장을 단정히 한다.

7. 항상 언행에 책임을 진다.

8. 항상 친절 · 질서 · 청결에 1인자가 된다,

9. 항상 자기 점검으로 고품격자로 거듭난다.

10. 항상 이름만 들어도 영원히 기억되는 이미지를 남긴다.

우리는 東方禮儀之國

동방유고국 명왈동이 시유신인단군
東方有古國 名曰東夷 始有神人檀君

수응구이지 추대이위군 기국수대
遂應九夷之 推戴而爲君 其國雖大

부자교긍 기병수강 불침인국 풍속순후
不自驕矜 其兵雖强 不侵人國 風俗淳厚

행자양로 식자추반 남녀이처이부동석
行者讓路 食者推飯 男女異處而不同席

가위동방예의지군자국야
可謂東方禮儀之君子國也

●●●●●●

동쪽에 옛날부터 나라가 있으니 동이라한다. 처음에 신인단군이 있었으니 구이가 받들어 임금으로 삼았다. 그 나라가 비록 크지만 스스로 교만하지 아니하고, 그 군사는 비록 강하지만 남의 나라를 침략하지 않았다.

풍속이 순후해서 길을 다니는 이들이 길을 서로 양보하고, 음식을 먹는 이들이 먹을 것을 서로 미루며, 남자와 여자가 따로 거처해 함께 섞여 앉지 아니하니, 이 나라야 말로 동쪽에 있는 예의바른 군자의 나라이다.

- 약 2300년전 孔子의 7代孫인 孔斌이 記述한 『東夷列傳』 -

머리말

친절서비스는 이 시대 지구촌 모든 사람과 더불어 살아가는데 필수 조건이며 고객 감동의 인프라이다.

2002 월드컵 때는 국민이 단결하여 친절 잔치로 한국의 새로운 위상을 세계 만방에 떨칠 수 있는 절호의 기회를 맞기도 하였다.

'US World Report'지 자료에 의하면 고객을 잃는 가장 큰 이유는 '불손한 태도'가 68%를 차지한다고 한다. 즉, 평생고객을 확보하는 비결은 사람의 마음가짐, 몸가짐에 있다고 하겠다. 친절서비스는 생존기반 구축의 필수 요건이다. 물질적인 것만으로는 고객을 감동시킬 수 없다. 고객을 감동 · 감격 · 감탄시킬 수 있는 비결은 상대의 마음을 움직일 수 있도록 정성을 다하는 모습이다. 물질적(상품)으로 만족, 인간적(정신적)으로 감동시켜 평생 고객을 확보하는 것만이 기업 생존의 길이다.

우리가 부모님께 잘하면 효도한다고 말하고, 형제간에 잘하면 우애가 깊다고 말하며, 친구들끼리 잘 지내면 우정이 있다고 말한다. 그러나 남에게 잘하면 친절하다고 한다. 친절은 바로 남에게 잘하는 것이다.

독일의 괴테는 '친절은 보상을 바라지 않는 행위'라고 하였고, 프랑스의 아라스도는 '친절은 아름다운 것보다 더 가치가 있다'고 했다. 그러므로 '친절은 남에게 보상을 바라지 않고 호감과 기쁨을 주고 고마움을 느끼게 하기 위한 정성스런 마음가짐과 몸가짐'이라고 생각한다.

필자는 그 점에 관심을 두고 친절과 예절교육이 전문화, 직업화되어 가고 있는 이때 직장에서는 친절 서비스 전문강사로, 사회적으로는 현대 에티켓 전문교육 프리랜서로서 또한 모든 사람들의 생애에 좋은 영향을 주는 성장의 모델로서 지구촌 모든 사람들로부터 대접받으며 인생의 꽃을 피어나가는데 필요한 현대인의 행동예절, 친절 서비스에 대해 상황별, 종류별로 현실감 있게 교육훈련을 시킬 수 있도록 수록해 보았다.

친절은 고객을 성공시키는 무기이며 최고의 경쟁력이다. 남보다 앞서 가는 특출한 친절 없이 고객을 감동시키려 한다는 것은 나무 위에서 고기를 낚으려는 것과 다를 바 없다. 친절은 생존, 불친절은 죄이다.

친절 서비스 현대 예절과 교육의 전문가가 되고자 하는 분들은 이 책을 통하여 고품격 친절 서비스 교육의 명강사가 되어 21세기를 이끌어 가는 고품격 삶의 연출자로서 역할을 다하기 바란다.

저자 김 진 익

차 례

제 1 장 고객감동 친절서비스 마인드 15

1. 친절이란? 17
2. 고객감동과 서비스 20

제 2 장 호감받는 표정 · 이미지 연출 43

1. 호감주는 표정관리 45
2. 호감받는 이미지 메이킹 52

제 3 장 단정한 용모와 복장 63

1. 남성의 용모와 복장 65
2. 여성의 용모와 복장 68

제 4 장 감동주는 인사법 79

1. 마음의 문을 여는 인사 81
2. 인사의 종류 83
3. 고객감동 인사법 91
4. 우리의 전통절 96

107 마음을 움직이는 언어디자인과 대화법 제 5 장

109 1. 언어 에티켓의 기본
113 2. 신뢰받는 대화
127 3. 직장인의 감동화법
136 4. 호감받는 듣기예절

151 마음을 연결하는 커뮤니케이션과 갈등관리 제 6 장

153 1. 커뮤니케이션(Communication)
160 2. 갈등관리

173 시너지 창출 리더십 제 7 장

175 1. 리더십(Leadership)
182 2. 리더의 위기관리

제 8 장 친절한 전화응대 187

1. 전화예절의 중요성 189
2. 친절한 전화응대 요령 190

제 9 장 공중생활 에티켓 201

1. 좌석배치예절 203
2. 방문예절 205
3. 접객예절 206
4. 차접대 예절 207
5. 함께 하는 공중매너 209
6. 멋진 시민 · 품위있는 한국인 213

제 10 장 좋은 자세 · 멋진 동작 227

1. 좋은 자세 229
2. 멋진 동작 232
3. 고객응대 예절 234

제 11 장 국제 매너 · 에티켓 241

1. 세련된 매너와 에티켓 243
2. 국제 에티켓의 기본 248
3. 공항에서의 매너 · 에티켓 256
4. 항공기내 매너 · 에티켓 256
5. 호텔매너 259
6. 테이블 매너 262

제 12 장 효과적인 강의와 교안작성법 285

1. 프리젠테이션 스킬 287
2. 강의 방법 299
3. 교수 계획법(교안 작성법) 327
4. 강의 평가 345
5. 교육진행과 준비물 361

〈부 록〉

감동교육 KEY-POINT

I / 고객감동 15의 5원칙 371

1. 호감받는 모습의 5요소
2. 고객감동 매너의 5요소
3. 인사의 5원칙
4. 표정연출의 5원칙
5. 언어디자인의 5원칙
6. 대화방법의 5원칙
7. 언어표현의 5원칙
8. 고객접점 요원의 태도 5원칙(5S)
9. 이미지메이킹 기본의 5요소
10. 이미지 전달의 5요소
11. 습관변화의 5원칙
12. 전화응대의 5원칙
13. 전화수화의 5원칙
14. 전화송화의 5원칙
15. 복장착용의 5원칙

II / 고객감동 5의 10강령 377

1. 고객을 위한 10계명
2. 평생고객 창조의 10대 경어
3. 효과적인 판매의 10가지 단계
4. 고객감동이미지 창조의 10계명
5. 전화 응대의 10대 강령

380 친절 서비스 행동예절 실습 Ⅲ

1. 좋은 자세 멋진 동작
2. 밝은 표정 훈련
3. 마음의 문을 여는 인사 훈련
4. 신뢰받는 대화훈련
5. 안내 및 동작 훈련
6. 친절한 전화응대 훈련
7. 종합훈련
8. 친절도우미 실기 평가표

400 친절 서비스 이미지 모델링 체크리스트 Ⅳ

409 기본 생활에티켓 TEST Ⅴ

418 친절 서비스 WORK SHEET Ⅵ

1. MOT서비스 혁신
2. MY MOT
3. MY MOT 서비스 혁신
4. 친절서비스 WORK-SHOP 평가표
5. 교육생 WORK-SHEET
6. 나의 비전, 나의 다짐

제 1 장

고객감동 친절서비스 마인드

서비스인의 신조

하나 우리는 고객감동을 제일의 신조로 한다.

하나 우리는 고객을 한 가족처럼 대한다.

하나 우리는 고객의 입장에서 먼저 생각한다

하나 우리는 고객의 충고를 끝까지 경청하며 긍정적으로 받아들인다.

하나 우리는 고객이 원하는 일을 최우선으로 한다.

하나 우리는 고객이 칭찬할 때까지 서비스의 질을 향상시킨다.

하나 우리는 가장 친절하고 청결하며 행복을 창조한다는 사명감을 갖는다.

인간관계에 성공하려면 3방문
(입방문, 손방문, 발방문)을 잘하라

제1장
고객감동 친절서비스 마인드

1. 친절이란?

(1) 친절이란?

남에게 보상을 바라지 않고 호감과 기쁨을 주고 고마움을 느끼게 하기위한 정성된 마음가짐과 몸가짐

- 친절은 남에게 잘 하는 것
- 친절은 보상을 바라지 않는 행위이다(독일 괴테)
- 친절은 아름다운 것보다 더 가치가 있다-프랑스 아라스도
- 친절은 신뢰의 근원이다.
- 신뢰는 유리거울과 같은 것이다-스위스 아미엘

(2) 왜 친절해야 하나

1) 세계 모든 나라가 하나의 공동체로 단일화되어 가는 시대에는 지구촌 모든 사람과 더불어 살아갈 줄 아는 친절이 있어야 한다.
2) 세계화, 기업은 고객감동을 실현하는 것이며 고객감동은 친

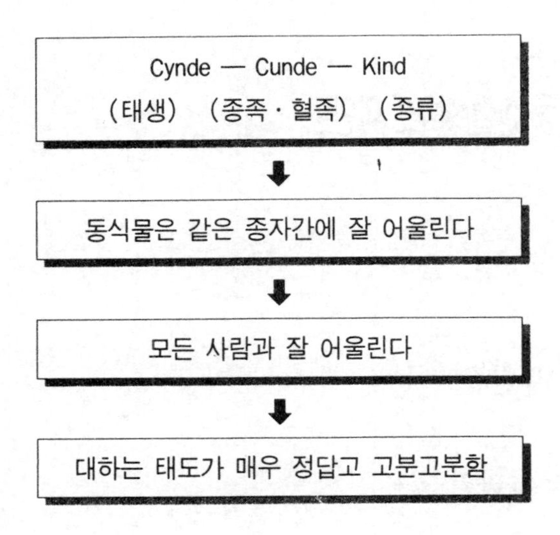

절 서비스가 뿌리이다. 친절 서비스 없이 고객을 감동시키려고 하는 것은 물 없는 고기와 같고, 공기 없는 세상과 다를 바 없다.

3) 남과 가까이 사귀고, 모든 사람과 더불어 살아가는데 윤활유 역할을 하는 것이 친절이다.

(3) 고객을 잃는 이유?

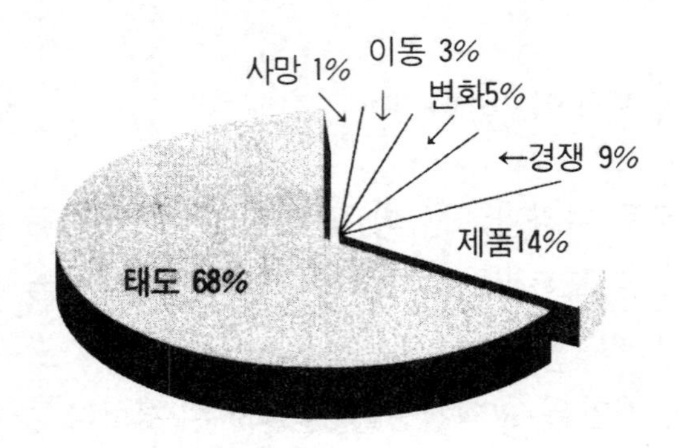

(4) 친절의 실제와 격식

1) 친절의 실제(마음)

- 인간미 : 남을 아끼고 사랑하는 마음
- 도덕성 : 양심-자기를 속이지 않는 마음

2) 친절의 격식(행동)

- 매너 : 훌륭한 태도, 습관
- 에티켓 : 남의 마음에 상처를 주지 않는 것

3) 친절과 불친절의 결과

- 친절 → 편안 → 기쁨 → 행복 = 생존(희망)
- 불친절 → 불편 → 불쾌 → 불행 = 멸망(죄)

(5) 불친절한 직원은 기업의 맹구(猛狗)

- 불쾌한 환경
- 불친절한 태도
- 불합리한 제도
- 불량한 상품
- 언행 불일치
- 핑계 · 책임 전가
- 불편한 시설
- 나태한 동작

• 불결한 복장
• 굳은 표정
• 컴맹

2. 고객 감동과 서비스

(1) 고객 감동 전략

BY : 고객 감동도 조사(Needs)에 의해
OF : 상품, 서비스, 행동의 질을 혁신하여
FOR : 내부 고객과 외부 고객, 매개 고객(협력 고객)을 감동시키는 것

(2) 나의 고객은 누구인가?

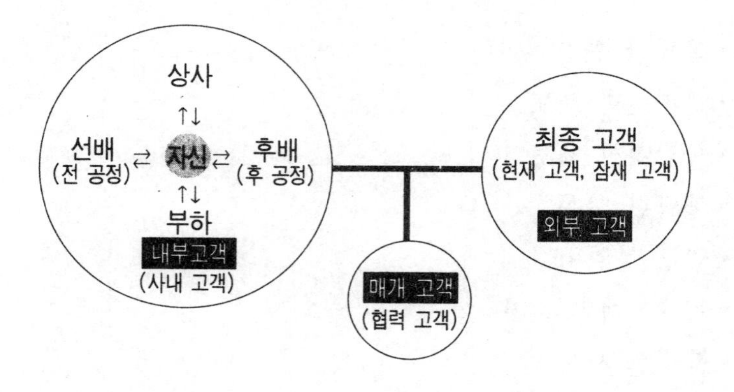

(3) 내부 고객 마인드

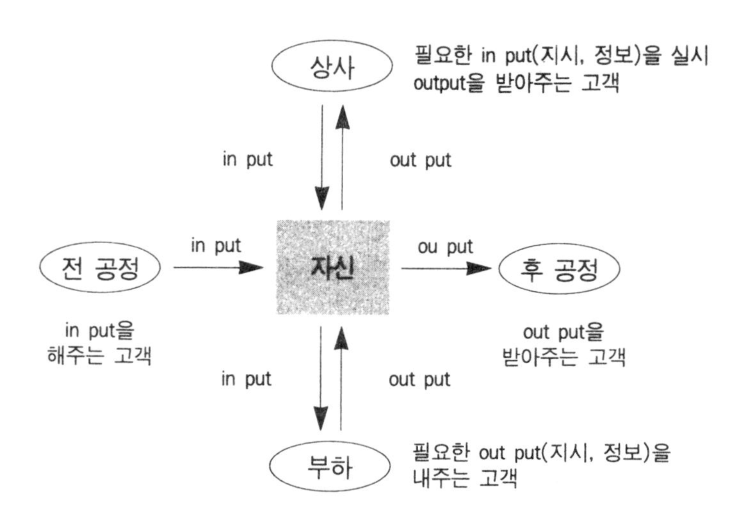

> 내부 고객을 감동시키지 못하고 외부 고객을 만족시키려고 하는 것은 마치 나무 위에서 고기를 낚으려고 하는 것과 같다.

1) 상사가 나의 고객이라면

- 보고는 신속 · 정확하게 하겠다.
- 상사의 지시를 책임감을 갖고 처리하겠다.
- 부정적 사고, 소극적 자세를 탈피하겠다.
- 매사에 창의적인 업무 처리를 위해 노력하겠다.
- 상사가 정확한 의사 결정을 할 수 있도록 돕겠다.
- 근무 시간과 약속 시간을 철저히 지키겠다.
- 행선지를 명확히 알리겠다.

- 조언과 충고는 겸허히 받아들이겠다.
- 불신과 자만심을 추방하겠다.
- Yes Man이 되지 않겠다.

2) 부하 사원이 나의 고객이라면

- 업무 지시는 명확히, 결재는 신속하게 하겠다.
- 책임과 권한을 부여하고 자질 향상을 위해 노력하겠다.
- 약속을 철저히 이행하겠다.
- 책임을 회피하지 않는 소신 있는 업무 처리를 하겠다.
- 회의는 적게, 짧게 하겠다.
- 퇴근 시간 임박해서 업무 지시를 하지 않겠다.
- 편견이나 고정 관념을 갖지 않겠다.
- 고압적인 언사나 거친 말투를 삼가하겠다.
- 사적인 업무 지시를 하지 않겠다.
- 본인이 없는 곳에서 비방하지 않겠다.

(4) 외부 고객 개념의 변화

1) 고객은 '봉(鳳)'의 시대

- 수요 〉 공급
- 10인 1색

2) 고객은 단순한 '소비자'의 시대

- 수요 = 공급

• 10인 10색

3) 고객은 '왕(王)'의 시대

• 수요 〈 공급
• 1인 10색

> 존 에이커(前 IBM회장) : 고객은 '황제'
> 데이비드 오길비(美 광고업자) : 고객은 '아내'
> 토마스 피터스(美 경영학자) : 고객은 '외국인'
> 일본 : 고객은 신(神)
> 한국 : 고객은 생산품 결정자
>
> \- Customer is always right -

(5) 감동 서비스

1) 감동이란?

> **물질적인 만족, 인간적인 감동**
> • 물질적(일) : 만족〉보통〉불만족
> • 인간적(정신) : 감탄〉감격〉감동〉보통〉
> 불만족〉분노〉원수

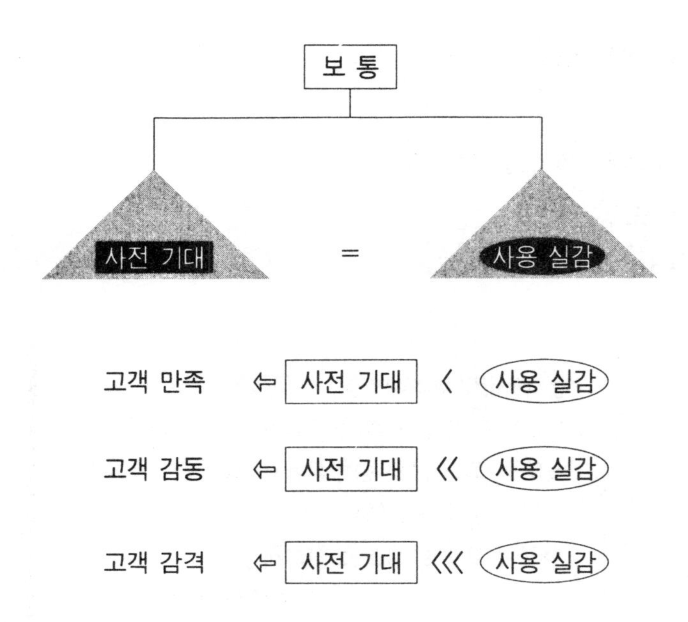

2) 고객 감동 진실의 순간

- MOT의 의미

  진실의 순간(고객과의 접점 순간)은 고객이 기업의 사원 또는 특정 자원과 접촉하여 그 서비스의 품질에 대한 인식에 영향을 미치는 상황이다.

- MOT의 원래의 뜻

  스페인의 투우 경기에서 소와 투우사가 맞부딪치는 결정적 순간을 Moment of Truth라 한다.

- MOT의 구성

  기업의 고객에 대한 철학과 사원의 고객 마인드의 표현 (Smile + System)

- MOT의 공식

'100-1은 0'으로 고객 감동의 접점을 만들기 위해서는 전원 참여가 필요하다.

3) 고객의 기본적 욕구

- 기억되기를 바람
- 환영받고 싶어함
- 중요한 사람으로 인식되고 싶어함
- 편안해지고 싶어함
- 칭찬받고 존경받고 싶어함
- 기대와 요구를 수용해주기 바람

(6) 고객 감동 마인드 촉진

- 고객의 이용(구매) 행위를 '자신의 문제를 해결해 주는 해결책'으로 이해
- 시장 상황 변화에 적극 대처하려는 능동적 자세
- 고객의 관점, 관심사, 니즈를 이해하기 위해 경청하려는 태도
- 고객을 유인할 수 있는 차별화 포인트 발견 및 활용
- 마케팅 개념의 명확한 이해
- 고객을 감동시킬 수 있는 프로그램의 개발 및 활용

(7) 고객 접점(창구)에서의 금지 사항

- 복장이나 화장을 고치는 행위

- 서랍, 주머니, 비품 등의 배치 행위
- 화를 내거나 찌푸린 얼굴 표정을 하는 행위
- 큰소리로 말하거나 전화하는 것, 전문어 · 은어 · 속어 등의 언어 행위
- 기지개, 하품, 졸고있는 행위, 먹거나 마시고 씹는 행위, 담배를 피우는 행위, 이를 쑤시거나 귀를 후비거나 손톱을 깎는 행위
- 꾸부정하게 서거나 걸터 앉는 행위
- 라디오나 녹음기를 듣는 행위, 신문이나 잡지를 보는 행위, 바둑 · 장기 등의 오락 행위

(8) 서비스 전략

1) 서비스란?

- 라틴어로 'SERVUS', 즉 '노예 상태'라는 말에서 유래
- 하인이 주인을 섬기듯이 정성을 다하는 태도
- 자기를 돌보지 아니하고 남을 위해 애쓰는 마음가짐, 몸가짐

2) 서비스의 본질

- 고객에게 호감과 기쁨을 주고 고마움을 느끼게 하며 가치 있는 행동으로 고객과 회사와 본인에게 이익을 창출하는 행동

물질측면			인간측면		
S	Satisfaction	니즈충족	S	Smile	밝은 표정
E	Economics	경제성	E	Enthusiasm	열정적인 마음가짐
R	Responsibility	합리성	R	Responsibilty	책임감
V	Variety	다양성	V	Value	가치창출
I	Innovation	혁신성	I	Intercommunication	상호교류
C	Convenience	편리성	C	Continuance	지속성
E	Enjoyment	즐거움	E	Energy	활력 · 생동

3) 서비스의 3대 특성

- 동시성
- 소멸성
- 무형성

4) 서비스 제공 시스템

- Direct 서비스
- Mail 서비스
- Media 서비스
- Image Mood 서비스
- Elite 서비스

5) 서비스의 패턴

- Communication 서비스
- Convenience 서비스

• Consulting 서비스
• Merit 서비스
• Network 서비스

6) 서비스의 종류
• 경제적 서비스
• 물질적 서비스
• 환경적 서비스
• 기술적 서비스
• 정신적 서비스

7) 서비스의 형태
• 시각적 서비스
• 청각적 서비스
• 후각적 서비스

8) 서비스의 질
① 기초품질
• 시간적 신속성
• 기술적 정확성
• 정기적 안정성
② 상품 품질
• 개별성
• 인간성

③ 기술적 품질

- 기술 능력 품질
- 처리 태도 품질

④ 심리적 품질

- 마음의 품질
- 자세의 품질

9) 서비스의 3대 과실

- 무관심
- 교만
- 핑계

> 성숙된 시장 여건(경쟁사 간의 상품 차별화가 어려울 때)에서는 서비스 품질의 만족도에 따라 고객만족의 크기가 좌우된다.

10) 서비스 품질을 평가하는 고객의 기준

① 신뢰성

- 정확
- 약속기일 준수

② 신속한 대응

- 기다리게 하지 않는다.
- 곧 반응한다.

③ 정확성

• 서비스를 행하기 위한 상품 및 서비스에 대한 지식이 충분하고 정확하다.

④ 편의성

• 언제라도 연락이 되고 의뢰하기 쉽다.

⑤ 태도

• 예의, 배려, 느낌, 복장

⑥ 커뮤니케이션

• 고객의 이야기를 경청하고 알기 쉽게 설명한다.

⑦ 신용도

• 회사 및 담당자를 신뢰한다.

⑧ 안전성

• 제품, 신체의 안전성

⑨ 고객 이해도

• 고객이 진정으로 요구하는 것이 무엇인가?

⑩ 환경

• 쾌적한 환경, 좋은 분위기, 깨끗한 시설 등의 구비

11) 고객 응대의 5단계

• 1단계 : 환영
• 2단계 : 용건 확인
• 3단계 : 신속 처리
• 4단계 : 성과 확인
• 5단계 : 환송

12) 고객에게 기쁨을 주는 10개조

- 1조 : 허리 낮춤(겸손)
- 2조 : 상대 높임(존중)
- 3조 : 반말 금지(경어)
- 4조 : 경청
- 5조 : 먼저 인사
- 6조 : 자랑 금지
- 7조 : 친절
- 8조 : 예절
- 9조 : 용모 · 복장 단정
- 10조 : 비방 금지

13) 고객 응대시 마음가짐 10가지

- 사명감을 가져라
- 고객의 입장에서 생각하라
- 원만한 성격을 가져라
- 항상 긍정적으로 생각하라
- 고객의 마음에 들도록 하라
- 공사를 구분하고 공평하게 대하라
- 투철한 서비스 정신을 가져라
- 끝까지 참아라
- 자신을 가져라
- 부단히 반성하고 개선하라

(9) 고객서비스의 자세

1) 기본자세

- S : Self Confidence(자신감)
- A : Appearance(용모)
- L : Listening(경청)
- E : Enthusiasm(열성)
- S : Service(봉사)

2) KASH법칙

- 알기 쉬운 표현으로 요령있고 간결하게 이야기할 것
- 어려운 전문용어나 외래어를 사용하지 말 것

자격 요건	행동 방향	요건 내용
지식 (Knowledge)	이론으로 무장	-상품지식 -업무지식 -경제지식 -고객에 대한지식
태도 (Attitude)	정신으로 무장	-에티켓 · 매너 -고객 서비스 정신 -계획 및 실행력 -문제 해결력
기술 (Skill)	기술로 무장	-가망(가능) 고객 발견기술 -대화술 · 접근기술 -상담 및 계약체결 기술 -고객관리 기술
습관화 (Habit)	실제 · 행동	-이론무장 · 정신무장 · 기술무장을 습관화 -행동화 -지속적으로 추진

• 일방적으로 대화를 끌지 말고 고객과 보조를 맞추어 나갈 것
• 고객과의 반응을 살피고 맞장구를 치면서 이야기할 것
• 고객의 연령 · 성별 · 성격에 알맞은 표현으로 이야기할 것

3) 3S의 생활화

• SMILE : 건강한 얼굴, 환한 얼굴, 단정한 용모, 명랑한 음성, 정중한 태도
• SERVICE : 친절응대, 고객의 입장 이해, 정중한 자세와 일처리, 고객과의 약속이행, 사후점검
• SPEED : 재빠른 행동, 신속한 처리, 일의 표준화

(10) 고객 불평, 불만 처리

1) 불평하는 고객이 귀한 고객이다.

고객의 불평, 불만은 고객이 우리 회사를 위해 시간과 돈을 들여가며 제공 해주는 귀중한 산 정보이자 서비스의 품질을 높여주는 활력소이다. 또한 서비스 개선과 회사 발전의 힌트를 제공한다.

2) 고객의 불평, 불만원인

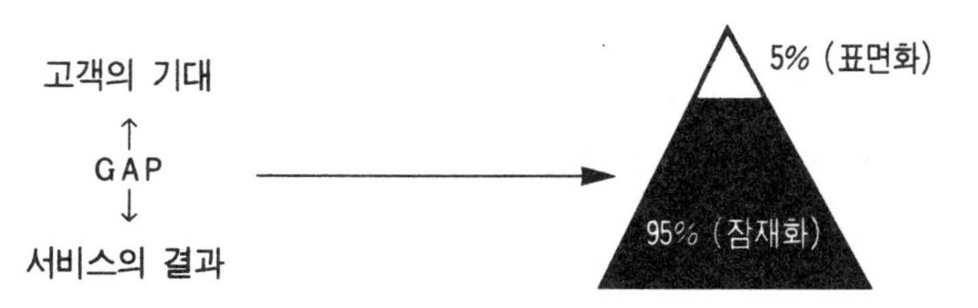

3) 고객의 불평, 불만 처리의 4단계

단 계	내 용
1단계 사유를 듣는다.	• 상대의 감정을 파악한다. • 끝까지 전부 듣는다. • 반드시 메모한다. • 선입관을 버리고 겸허하게 듣는다. • 절대로 피하지 않는다.
2단계 원인을 규명한다.	• 업무적 측면 • 심리적 측면 • 복합적 측면
3단계 해결책을 강구한다.	• 신속한 응대 • 책임 한계의 명확화 • 예의있게 잘못을 시정 • 조기진단
4단계 결과를 알려주고 효과를 검토한다.	• 피드백

4) 불평처리의 5원칙

- 사람을 바꿔라
- 장소를 바꿔라
- 시간을 가져라
- 끝까지 경청한다.
- 개선한다.

5) 불만고객의 행동유형

① 95%의 고객은 불만을 표현하지 않는다.

② 서비스에 불만을 갖는 고객의 90% 이상은 두번 다시 오지

않는다.

③ 불만고객 한사람은 적어도 주위의 9명에게 이에 대해 이야기 한다.

④ 불만을 갖고 있는 고객중 13%는 이를 주위의 20명 이상의 타인에게 이야기한다.

⑤ 고충을 신속하고 완벽하게 처리받은 고객의 90% 이상은 우리의 고정 고객이 된다.

6) Recovery System

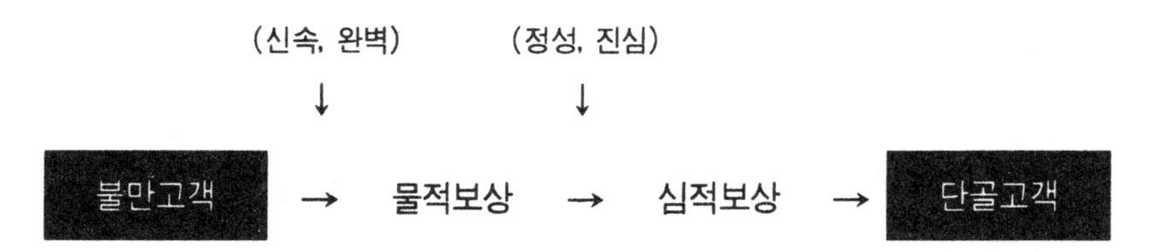

7)효율적 Recovery 순서

① 사죄

② 신속대응

③ 감정 이입

④ 상징적 보상

⑤ 사후처리

8) 대표적 고객유형

① 잘난체 하는 고객

② 성급한 고객

③ 신경질적인 고객

④ 말 많은 고객

⑤ 의심 많은 고객

⑥ 자신감 없는 고객

⑦ 깐깐한 고객

⑧ 난폭한 고객

⑨ 고집불통형 고객

9) 고객 만족 효과

- 만족
  - 계속 구매(단골고객)
  - 좋은 소문
  - 경쟁력 강화
- 불만족
  - 구매 단절(고객상실)
  - 나쁜 이미지
  - 경쟁력 약화

10) 고객 불만 처리 10계명

① 무조건 정중히 사과하라

② 끝까지 잘 들어라

③ 선입견에 사로 잡히지 말라

④ 변명하지 말라

⑤ 감정적이지 말라

⑥ 최우선으로 처리하라

⑦ 3변의 주의를 처리하라

⑧ 하나의 찬스라고 생각하라

⑨ 권한내에서 처리하라

⑩ 감사의 인사를 하라

11) 불만처리의 4원칙

방 법	원 칙
1. 원인 파악의 원칙	• 클레임의 원인을 정확히 알아야 한다.
2. 신속 해결의 원칙	• 가능한 빠른 시간내에 해결하는 것이 회사로서도 바람직하다.
3. 우선 사과의 원칙	• 클레임을 건 고객은 우선 화가 나있는 상태라는 점을 잊지 말아야 한다(감정의 문제)
4. 불논쟁의 원칙	• 고객과 말다툼을 하지 말 것. • 회사의 잘못이 아닌 경우라도 고객의 말꼬리나 트집을 잡지 말 것.

(11) 소비형태의 변화

	시 대	선택 기준	판단 기준
70년대	이성적 소비시대	품질 · 기능 · 가격	양품 · 불량
80년대	감성적 소비시대	디자인 · 네이밍 · 사용 편리성	좋아함 · 싫어함
90년대	감동적 소비시대	만족감 · 기쁨	만족 · 불만족

(12) 시점별 서비스

1) Before Service

- 점포 위치, 시설, 레이아웃, 진열
- 상품 다양성, 매력도, 가격, 품질
- 판촉활동, 광고 선전

2) On Service

- 대응태도, 매너, 센스
- 정보제공, 커뮤니케이션
- 쾌적함, 안전, 안심, 청결, 밝기 등

3) After Service

- 완벽한 애프터 케어
- 감사장
- 정기적, 정량적 시장조사

(13) 종업원 불친절 TOP10

1) 뻔한 거짓말
2) 고객 무시
3) 약속 파기
4) 무책임주의
5) 행정편의주의

6) 자동인형식 응대
7) 침묵 제일주의
8) 손님은 불청객
9) 학습 결핍
10) 개인용무 우선

(14) 신 서비스의 개념

1) 무재고성
2) 공용성
3) 연결성
4) 고객 비용 절감성
5) 오감 친밀성

(15) 감동 디자인의 5요소

1) 감동주는 생각의 디자인
2) 감동주는 마음의 디자인
3) 감동주는 언어의 디자인
4) 감동주는 행동의 디자인
5) 감동주는 이미지 디자인

강의 KEY-WORD

KEY-WORD	내 용

강의 KEY-POINT SHEET

THEME	KEY-POINT	REMARKS
도　　입		
본　　론		
결　　론		
질의 응답		

제 2 장

호감받는 표정 · 이미지 연출

표정 연출의 5원칙

1. 밝은 표정

2. 부드러운 표정

3. 얼굴 자체가 웃는 표정

4. 돌아서는 뒷모습이 웃는 표정

5. 생기 있는 표정

제 2 장
호감받는 표정 · 이미지 연출

1. 호감주는 표정관리

- 마음을 아름답게 하면 얼굴은 저절로 밝아진다.
- 또한 얼굴을 밝게 하면 마음 또한 밝아진다.
- 표정은 그 사람의 마음의 메시지를 담는다.

(1) 자연스러운 스마일 연출

1) 스마일은 상대방을 편안하게 하고 호감을 받으며 마음을 즐겁게 한다.

2) 스마일의 효과
   - 건강 증진 효과
   - 감정 이입 효과
   - 마인드 컨트롤 효과
   - 신바람 효과
   - 실적향상 효과

3) 스마일의 3포인트

- 얼굴 전체의 스마일
- 자연스런 스마일
- 뒷모습도 스마일

4) 표정연출 5원칙

- 밝은 표정
- 부드러운 표정
- 얼굴 전체가 웃는 표정
- 뒷모습이 웃는 표정
- 생기있는 표정

5) 스마일의 연출

- 행동의 기본
- 돈이 들지 않는 가장 훌륭한 고객응대
- 표정이 밝으면 음성이 경쾌해지며 응대 태도가 밝아진다.

"위스키"

일그러진 입모양을 부드럽게 펴준다.

• 상대는 나의 거울! (웃는 얼굴에 침 못 뱉는다)
• 고객을 대할 때 의욕과 생기가 넘치는 표정으로 한다.
• 호감 주는 미소
  - 밝고, 상쾌하고 순수한 미소
  - 얼굴 전체가 웃는 자연스런 미소
  - 돌아서 등자세가 바뀔 때도 계속 미소

(2) 고객에게 감동주는 표정과 음성 연출

1) 눈썹

손가락을 수평으로 닿을까 말까할 정도로 일자로 대고 눈썹만 상하로 올렸다 내렸다 한다.

2) 눈 · 눈두덩

① 눈을 감고 마음을 안정
② 눈을 크게 뜨고 위 → 아래 → 좌 → 우로
③ 눈에 힘을 주고
④ 눈과 눈썹을 올리고

⑤ 미간에 힘을 준다.

3) 입 · 뺨

① 입을 크게 연다.

② 입을 다물고 볼을 부풀린다.

③ ②의 상태에서 입을 좌우로

④ 볼을 끌어당긴다.

⑤ 입주위를 옆으로

4) 턱 · 코

⑴ 턱 부분 : 아래턱을 좌우로 움직인다.

⑵ 코 : 콧등을 위로 끌어올린다.

5) 경쾌한 표정을 만드는 음성연출

① 입은 최대한 벌려 입가의 근육을 부드럽게 펴준다.

② 큰소리로 아, 이, 우, 에, 오 반복 연습
(배에 힘을 주어 천천히)

③ 스스로가 아름다운 음성임을 느낄 때까지 훈련

① "아"의 소리내기 : 큰소리로 "아"하고 두 번 소리를 낸다.

② "이"의 소리내기 : 큰소리로 "이"하고 두 번 소리를 낸다.

③ "우"의 소리내기 : 큰소리로 "우"하고 두 번 소리를 낸다.

④ "에"의 소리내기 : 큰소리로 "에"하고 두 번 소리를 낸다.

⑤ "오"의 소리내기 : 큰소리로 "오"하고 두 번 소리를 낸다.

(3) 온화한 표정을 만드는 시선의 위치

• 첫인상의 84%가 시선
• 눈과 눈 사이를 바라본다.
• 어쩌다 마주친 눈빛 또한 상대방을 정면으로 향하여 밝은 눈빛으로

싸우자는 거야?

내 코에 뭐가 묻었나?

뭔가 숨기는 거 같아!

시선! 눈과 눈 사이를 보아주세요!

2. 호감받는 이미지 메이킹

(1) 이미지(Image)란?

• 고대 불어 :Image(이마쥐)

• 의미 : 어떤 정보가 다른 정보매체로 그대로 기억되는 것. 자신이 가지고 있는 말투, 목소리, 얼굴표정, 옷차림, 매너, 몸가짐 등이 한 장의 사진처럼 현상되어 상대에게 그대로 전달되어 오랫동안 기억되는 자신의 인상을 말한다. 그러므로 상대가 느끼는 자신의 이미지를 본래의 당신의 모습 보다 더 좋은 이미지를 남기려는 노력이 필요하다.

(2) 이미지 메이킹(좋은 인상 만들기)이란?

당신의 이미지를 상대에게 자신의 본래 인상보다 더 좋게 또는 더 나쁘게 보일 수 있다. 그리고 저하되거나 또는 과대 포장되어 상대에게 보일 수 있다.

당신을 상대에게 자신의 어떤 이미지를 주고 싶은가?

이미지 메이킹(좋은 인상 만들기)이란 잘생긴 사람, 멋있는 사람, 커리어우먼을 연출하는 특별한 인상 형성 기법이 아니다. 누구나 가지고 있는 '자기 모습'을 상대에게 '멋있게, 개성있게 연출'하는 좋은 인상 만들기 방법이다.

즉, 상대에게 '나의 모습을 어떻게 보여줄까?'라고 인위적으로 자신의 이미지를 개선하여 좋은 인상을 창출해 내는 기법이다.

(3) 이미지 메이킹의 필요성

• 가까이 사귐
• 오래 더불어 삶

• 고객감동

(4) 이미지 메이킹의 기본

- 만남을 소중히
- 섬김을 소중히
- 나눔을 소중히
- 대화를 소중히
- 신뢰를 소중히

(※ 외모, 옷차림, 바디랭귀지)

(5) 이미지 메이킹의 실제

- 자아인식
- 수용과 용서
- GLOBAL마인드

(6) 이미지 메이킹의 격식

- Simple
- Smart
- Specialist

(7) 이미지 메이킹의 종류

- 생활
- 비즈니스
- 특수

(8) 이미지 메이킹 접점의 3요소

- HARD
- SOFT
- HUMAN

(9) 생활 이미지 메이킹

- 행복한 자신감
- 긍정적인 삶
- 창조적인 삶

(10) 이미지 메이킹의 인프라

- 밝은 빛
- 긍정적인 색깔
- 달콤한 향기
- 정다운 맛

• 영원한 느낌

(11) 나의 이미지?

• 목적
  - 객관적인 자신의 모습 파악
  - 타인의 조언 청취
  - 개선점 추출
• 방법
  - VTR 촬영
  - 시청
  - 피드백

(12) 좋은 이미지 형성요인(Good-Image)

• 인간미(편안함)
• 도덕성(예의범절)
• 정성스러운 마음
• 깊은 관심
• 신뢰감
• 동질감
• 겸손함
• 원만함
• 역지사지(易地思之)-에티켓

• 유연함(습관)

(13) 이미지 형성조건

• 7초 안에 첫인상은 결정된다.
• 시각에 의한 이미지 55%
• 청각에 의한 이미지 38%

(14) 당신의 미소는 몇점?

• 자세 Check-Point
- 웃으면서 손이 입으로 가지 않는가?
- 몸이 흔들리지 않는가?
- 웃을 때 혀가 나오지 않는가?
- 몸을 꼬며 뒷짐은 지지 않는가?

> 사회는 소녀를 원하는 것이 아니라 숙녀를 원한다.

• 얼굴 표정 Check-Point
- 밝고 상쾌한 표정인가?
- 얼굴 전체가 웃는 자연스러운 미소인가?
- 돌아서며 표정이 굳어지지는 않는가?

- 효과
  - 최고의 인간관계 비법
  - 이미지 형성에 일등공신
  - 편안한 분위기 연출
  - 엔돌핀 발전요인
  - 행복한 삶 보장

(15) 자기 연출법

- 시각적 연출
  - 심리면 → 표정관리
  - 기술면 → 차림새, 용모, 자세, 행동
- 표정관리
  - T.P.O에 맞는 표정
  - 표정은 마음 → 말로서 말하는 것이 아니라 마음으로 말하라
  - 밝은 표정의 필요성

    슬퍼서 우는 것이 아니라 우니까 슬퍼지더라

    행복을 원하거든 웃어라 그리고 또 웃어라

    당신은 분명 행복한 생의 주인공이 된다
  - 호감을 주는 표정 → 미소법

    미소는 돈이 들지 않는 가장 비싼 치장
  - 시선처리

    눈은 마음의 거울이다.

(16) 5 STEP OF SUPER IMAGE MAKING
(슈퍼이미지 메이킹의 5단계)

- KNOW YOURSELF(자기를 알아라)
- DEVELOP YOURSELF(자기를 계발하라)
- PACKAGE YOURSELF(자기를 포장하라)
- MARKET YOURSELF(자기를 팔아라)
- BE YOURSELF(침착하라)

강의 KEY-WORD

KEY-WORD	내　　　용

강의 KEY-POINT SHEET

THEME	KEY-POINT	REMARKS
도　　입		
본　　론		
결　　론		
질의 응답		

제3장

단정한 용모와 복장

복장 착용의 5원칙

1. 수치가 가려지도록

2. 신체를 보호하도록

3. 남과 잘 어울리도록

4. 아름답고 품위가 있도록

5. 새로운 이미지를 창조할 수 있도록

제3장
단정한 용모와 복장

1. 남성의 용모와 복장

(1) 두발

• 두발은 귀가 보이는 형태로 짧고 깨끗하게 손질한다.
• 머릿기름이나 무스를 사용하여 앞머리가 흘러내리지 않도록 하는 것이 좋다.
• 지나치게 유행을 따르는 머리형은 삼가 한다.
• 매일 머리를 감아서 청결을 유지하도록 하고, 항상 단정히 빗는다.

(2) 얼굴

• 수염은 매일 깨끗하게 면도하도록 하고, 길게 자란 콧털은 깨끗하게 정리하여 지저분해 보이지 않도록 한다.
• 너무 향이 진하지 않은 것으로 하고 스킨이나 로션을 발라주어 상쾌한 느낌을 유지하도록 한다.

(3) 양복

- 화려한 원색을 삼가고 청결하고 단정하여야 한다.
- 연령, 성별, 계절, 근무환경에 맞게 한다
- 바지의 주름은 늘 한 줄로 세우도록 한다.

(4) 와이셔츠

- 흰색이 원칙
- 와이셔츠 칼라 뒷부분이 양복 상의보다 1㎝ 정도 밖으로 보이도록 한다.
- 와이셔츠 소매는 양복 소매 끝보다 1~1.5㎝ 정도 나오도록 한다.

(5) 넥타이

- 목 언저리까지 꼭 여미도록
- 양복과 조화되는 넥타이 선택
- 자신의 개성과 센스를 돋보일 수 있는 것
- 때, 얼룩, 구김이 없도록
- 길이는 허리띠에 살짝 닿을 정도

(6) 허리띠

• 검은 색이나 짙은 갈색이 무난
• 구두 소재와 색상이 잘 조화될 수 있는 것
• 요란한 무늬나 특정 회사의 상표는 품위 손상

(7) 양말

• 양복과 잘 어울리는 유사색
• 넥타이나 손수건 등과 맞춰도 좋음
• 양복바지와 조화를 이루도록
• 흰 양말은 삼가고 목이 긴 것을 신도록

(8) 구두

• 구두의 색상은 검은색(가급적 유니폼과 같은 계열)으로 신도록 한다.
• 캐주얼화는 피한다.
• 뒷굽이 닳은 것은 수선하여 착용토록 하고, 매일 닦아 윤기가 나도록 한다.
• 슬리퍼는 신지 않는다.

(9) 액세서리

• 지정된 명찰과 뺏지는 정위치에 부착한다.
• 시계와 반지 1개 정도가 적당하다.

- 안경 착용시 지나치게 색깔이 들어 있거나 너무 유행을 따르는 디자인은 피한다.
- 멜빵을 했을 때는 벨트를 매지 않는다.

(10) 상대에게 불쾌감을 주는 몸가짐

- 충혈된 눈
- 잠잔 흔적이 남은 머리
- 덥수룩한 수염
- 길게 자란 콧털
- 지저분한 손톱
- 비뚤어진 넥타이

• 머리
흘러내리지 않는
단정한
머리 모양

• 면도
정결한 인상을 위해
아침마다 면도를

• 양복 상의
품위 있는 색깔
기능적인 스타일

• 와이셔츠 소매
언제나 깨끗이
양복 소매 끝에서
1~1.5cm쯤 나오도록

• 손수건
깨끗하고 구김이
없도록

• 양말
양복과 잘
어울리는 색
(흰색 피함)

• 구두
잘 닦아 윤기 있게
(검은 색이나 양복과
어울리는 색상)

• 와이셔츠
깨끗한 흰 색이 원칙
(소매와 깃의
청결상태 주의

• 배지
양복 왼쪽 깃에
바르게 부착

• 명찰
제 위치에

• 넥타이
양복과
잘 어울리는
색깔로 벨트
위를 스치는
정도의 길이로
단정히 맨다

• 벨트
검정색 또는
짙은 갈색

• 손톱
짧고 청결하게

• 구두
길이는 구두 위를
가볍게 닿을 정도

〈세련된 남성의 복장〉

2. 여성의 용모와 복장

(1) 화장

자연스러운 화장이 기본이다.

- 피부 화장
- 눈 화장
- 눈썹
- 입술 화장
- 볼 화장

(2) 두발

- 머리는 항상 단정하고 깨끗하게 유지한다.
- 뒷머리 길이는 가능한 유니폼 깃에 닿지 않는 길이로 유지하며 잘 손질한다.
- 자주 사용하는 동작을 할 때 앞, 옆머리가 흘러내리지 않도록 고정하고, 특히 앞머리는 눈을 가리지 않도록 한다.
- 머리모양을 단정히 하기 위해 GEL이나 SPRAY는 적당히 사용한다.
- 크고 화려하거나, 칼라가 있는 핀의 사용을 피한다.
  (※근무시 어울리지 않는 머리모양)
- 전혀 손질이 안된 퍼머 머리
- 너무 첨단 유행을 따르는 머리

• 지나치게 염색한 머리
• 앞머리가 눈썹 아래로 내려오거나 옆머리가 눈이나 얼굴을 가리는 머리

(3) 구강/손

• 근무전 반드시 입냄새 제거 등을 하고 구강 상태를 점검한다.
• 식사 후에는 반드시 양치질을 한다.
• 손톱은 항상 청결하고, 짧게 유지한다.
• 손을 자주 닦아 청결하게 하고, 닦은 후에는 스킨 로션을 사용토록 한다.
• 매니큐어는 완전한 상태여야 하며, 색깔은 자연스러운 색으로 한다.

(4) 유니폼

• 유니폼을 깨끗이 세탁한 후 다림질하여 착용한다.
• 스커트 및 블라우스 솔기에 실밥이 나오지 않도록 주의한다.
• 직원 상호간에 본인이 보지 못하는 부분을 보완해 준다.
• 너무 크거나 작을 경우 수선하여 입는다.

(5) 양말

• 스타킹은 커피색, 살색 등 자연스러운 색상을 사용한다.
• 여분의 스타킹을 반드시 준비한다.

(6) 액세서리

- 지정된 명찰과 뺏지를 정위치에 부착한다.
- 지나친 액세서리 착용은 삼가며 시계, 반지 1개, 귀걸이 1세트가 적당하다.
- 귀걸이는 늘어지지 않는 부착형이 어울린다.

(7) 구두

- 뒷굽이 닳거나 벗겨진 것은 수선하여 신도록 한다.
- 구겨 신지 않도록 한다.
- 항상 청결함을 유지하도록 한다.
- 슬리퍼는 신지 않는다.

(8) 상대에게 불쾌감을 주는 몸가짐

- 요란한 머리모양
- 화려한 액세서리
- 야하고 화려한 화장
- 긴 손톱, 화려한 매니큐어
- 눈을 가린 긴 머리
- 진한 검정색 또는 무늬있는 스타킹

• 얼굴
밝고 편안한
미소와
은은한 화장

• 머리
앞머리는
눈을 가리지
않게 단정
하고 윤기
있는 머리

• 유니폼
깨끗이 다려서
단정한 느낌이
들도록 해서
착용

• 손
손톱은
깨끗하고 단정히

• 스커트
무릎 선을
기준으로 너무
짧지 않게

• 명찰
왼쪽 가슴
주머니 아래
바르게

• 소매
늘 깨끗하게
걷거나 말아
올리지 않도록

• 스타킹
피부색과
유사색 (올이
풀어지지
않도록)

• 구두
활동적이고
유니폼과
어울리는 것

〈매력적인 여성의 복장〉

단계별 기초 화장 지식

1단계 | 세안 → 클린싱 크림 → 클린싱 폼 → 유연 화장수

① 클린싱 크림은 피부에서 분비되는 피지, 유성화장의 여분 등 불순물을 제거해 준다.

② 클린싱 폼(미용비누)은 모공 깊숙이 있는 더러움과 오래 된 각질을 제거하며, 보습제가 함유되어 피부의 당김과 건조를 방지해 준다.

③ 유연 화장수는 세안 후 균형을 잃은 피부를 정돈하고, 다음 단계인 마사지의 효과를 높여준다. 유연제가 함유되어 있어 각질을 부드럽게 해주고, 비누의 알칼리 성분을 중화시켜 준다.

2단계 | 마사지

① 피부의 혈액 순환과 신진대사를 원활히 해준다.

② 피부 생성 세포에 필요한 영양과 산소를 공급한다.

③ 신경성 지압으로 피부를 풀어 준다.

3단계 | 영양 화장수(모이스처 로션)

① 적절한 수분과 유분을 공급해 유연하고 촉촉한 피부로 가꾸어 준다.

② 마사지 효과를 지속시켜 준다.

4단계 | 수렴 화장수(아스트린젠트)

① 모공을 수축시켜 피부결을 긴장감 있게 가다듬어 준다.

② 땀과 피지 분비를 억제하여 화장이 지워지는 것을 막는다.

5단계 | 영양크림

① 피지에 보호막을 만들어 수분 증발 억제로 촉촉함과 윤기를 준다.

② 세포의 기능을 돕는 성분을 효과적으로 공급한다.

향수사용법

- 향취는 밑에서 위로 올라오는 성질이 있으므로 무릎이나 복사뼈, 스커트 단등 움직이는 부분에 사용하면 움직일 때마다 은은한 향기가 감돌게 된다.
- 향력을 증가 시키려면 맥박이 뛰는 부분에 사용한다.(귀뒤, 손목, 목뒤, 발목)
- 향수는 자신이 희미하게 느낄 정도로 바르는 것이 적당
- 향수는 섞어쓰지 않는다.
- 보석, 모피에 뿌리는 것은 삼가
- 머리카락 등과 같이 직사광선이 직접 닿는 곳을 피해서 사용
- 병문안, 행사, 선볼 때 등은 신중히 사용

용모 복장의 중요성

- 첫인상
- 고객에게 신뢰를
- 활기찬 직장 분위기 조성
- 일의 성과
- 기분 전환

※ POINT
- 항상 청결하게
- 화려하지 않도록
- 전체적인 조화를 고려

강의 KEY-WORD

KEY-WORD	내 용

강의 KEY-POINT SHEET

THEME	KEY-POINT	REMARKS
도　　입		
본　　론		
결　　론		
질의 응답		

제4장

감동주는 인사법

인사의 5원칙

1. 인사는 내가 먼저

2. 상대를 보며

3. 밝은 표정으로

4. 정성을 담아서

5. 상황에 알맞게

제4장
감동주는 인사법

1. 마음의 문을 여는 인사

(1) 인사의 정의

인사(人事)란 사람 인(人)자와 일 사(事)자, 즉 사람이 하는 일이다. 동물과 특별히 구분되는 인간의 고유한 행위이며, 모든 인간예절의 기틀이다. 사전적으로 정의해 보면, 서로 만나거나 헤어질 때 말·태도 등으로 존경·인애·우정을 표시하는 행동양식이다.

(2) 인사의 유래

인사는 원시시대(미개시대)에 상대를 해치지 않겠다는 신호(원수가 아니라는 신호)로 손을 위로 들기도 했고(현재의 거수 경례), 손을 앞으로 내밀기도 했고(현재의 악수), 허리를 굽히기도 했다(허리굽혀 경례). 그러므로 인사는 섬김의 자세, 환영의 표시, 신용의 상징, 친근감의 표현이라고 할 수 있다.

(3) 인사의 중요성

인사는 많은 예절 가운데서도 가장 기본이 되는 표현으로서, 상대방을 인정하고 존경하며 반가움을 나타내는 형식의 하나이며, 처음 만난 사람이나 웃어른에게 자신의 모든 것을 가장 잘 표현하고 상대에게서 호감을 받을 수 있는 첫 관문이다. 인사는 예의 바르게 잘하고 못함에 따라서 상대방에게 건방지다, 착실하게 보인다, 인격자다, 인상이 좋다 등의 인상을 심어준다. 인사를 예의있게 잘하느냐 못하느냐에 따라서 상대방으로부터 존경스러운 대우를 받을 수도 있고, 자기의 인격이 낮게 평가될 수도 있다. 인사는 가정에서는 화목한 가정의 근간이 되고 직장생활에 있어서는 인화단결의 근간이 된다. 인사는 받는 사람만의 기쁨이 아니라 하는 사람도 기분 좋은 일이기 때문에, 러시아의 문호 톨스토이도 "어떠한 경우라도 인사하는 것은 부족하기 보다 지나칠 정도로 하는 편이 좋다"라고 말하고 있다. 인사는 평범하고도 대단히 쉬운 행위이지만 습관화되지 않으면 실천에 옮기기 어렵다.

습관화된 인사는

- 그늘진 성격을 밝게 해주고,
- 소극적인 사람을 적극적으로,
- 정적인 사람을 동적으로,
- 우울한 사람을 명랑한 사람으로
- 꽉막힌 사람을 탁트인 사람으로 만들어 준다.

인사의 POINT

SMILE + 바른 시선과 턱의 위치 + 인사말 (+α의 말) + 허리인사

2. 인사의 종류

(1) 눈인사[目禮]

1) 방법

목례란 서로 눈이 마주쳤을 때 말없이 고개를 끄덕이며 눈으로 하는 인사다. 앉아 있거나 서 있을 때 또는 걸어갈 때, 바로 그 자세에서 상체를 굽히지 않고 눈으로 경례의 표시를 하며 가볍게 머리만 숙이면서 부드러운 표정을 짓는다.

2) 시기

- 길 또는 실내나 복도에서 사람을 자주 대할 때
- 공동화장실, 목욕탕, 사우나실 등에서 아는 사람을 만났을 때
- 바쁘게 일을 하는 중에 손님을 맞이할 때
- 자신과는 직접 관계가 없는 방문객이 돌아가려고 할 때,

(2) 약식 인사[略禮]

1) 방법

일어서서 3미터쯤 앞을 보고 허리를 15도 정도로 굽혀서 하

는 인사이다. 약 2초 정도의 시간이 걸리며, 상황에 맞는 인사말을 한다.

2) 시기

- 직장의 복도를 지나면서 상사나 동료를 만날 때(대상이 상사일 경우는 잠시 멈추어서 인사)
- 직장 복도에서 모르는 손님이 지나갈 때
- 좁은 공간에서(복도 · 계단 · 엘리베이터)
- 양해를 구할 때, 질문이나 부탁할 경우
- 길을 물을 때
- 이웃 사람들을 만날 때
- 수명 보고시

(3) 보통 인사(평경례)

1) 방법

우리의 일상 생활에서 가장 많이 행하는 인사로 자신의 발꿈치에서 1미터쯤 앞을 보는 듯이 상체를 30도 정도 구부려 하며, 남자는 두 팔과 손을 양 옆에 붙여서 하고, 여자는 앞으로 두손을 모으면서 몸을 굽힌다. 윗사람에게 인사할 때에는 2~5미터 가량 앞에 가서 인사해야 하며, 인사말은 똑똑히 하되 큰소리를 내어서는 안 된다.

2) 시기

- 상대에 대한 정식인사
- 손님맞이 할 때
- 같은 나이 또래와 처음 만났을 때
- 거래처 등 사회 활동에서 보편적으로 처음 인사를 나눌 때
- 나이 차이가 얼마 나지 않는 학교, 혹은 사회 선배를 만났을 때

〈남녀의 30도 인사법〉

(4) 정중 인사(큰경례)

1) 방법

서서 하는 인사로서는 가장 정중한 인사 예법이다. 바로 선 자세로 발꿈치를 모아 상대를 보고 경례를 한 다음, 서서히 상체를 일으켜 상대방에게 경의를 표한다. 약 45도 이상으로

허리를 굽히되 머리는 숙이지 않는다.

2) 시기

- 손님 배웅할 때
- 감사 또는 사과(사죄)를 표시할 때
- 부모님에게 또는 스승을 만났을 때
- 직위가 높거나 훌륭한 저명 인사를 만났을 때

(5) 거수 경례

제복을 입고 정모를 착용했을 때는 거수 경례를 한다. 거수 경례를 받았을 경우 민간인이라 할지라도 거수 경례로 답한다. 아랫사람이 먼저 오른손을 올려 윗사람에게 경례하고 윗사람이 인사받고 손을 내린 후에 손을 내린다.

(6) 악수

매우 경건한 마음으로 해야 하며 미소띤 얼굴에 허리는 곧게 펴고(서양식), 마음에서 우러나는 태도를 취하는 것이 중요하다. 악수를 할 때 윗사람이나 존경하는 분께 약간 고개를 숙이며 예를 표하는 것은 한국적 악수법이다. 허리를 굽히는 인사를 하려면 악수를 하고 손을 놓은 후 허리를 굽혀 인사하고 물러서는 것도 좋은 방법이다.

1) 악수하는 순서

원칙적으로 손윗사람이 아랫사람에게 손을 내밀게 되어 있으며 그 기준은 다음과 같다.

- 여성이 남성에게
- 손윗사람(연장자)이 손아랫 사람에게
- 선배가 후배에게
- 기혼자가 미혼자에게
- 상급자가 하급자에게

그러나 국가원수, 왕족, 성직자 등은 이러한 기준에서 예외가 될수 있다.

2) 악수하는 방법

① 의식 악수(의식 행사시)

- 상급자가 악수를 청하면
- 오른손을 가슴높이로하고
- 상급자를 바라보며
- 상급자의 악수에 응한다.

② 정중 악수

- 허리를 약간 굽히면서
- 오른손 팔꿈치에 왼손을 가볍게 붙이고
- 정중하게 악수한다.

③ 보통 악수(같은 세대끼리는 한손으로 악수)

- 오른손으로
- 가슴 높이에서
- 부드럽게 손을 잡고
- 상대방의 눈→손→상대방의 눈을 보며
- 3번 정도 손을 흔든다.

④ 상하간 악수

- 상사가 먼저 청하면
- 하급자는 오른손을 내밀고 왼손은 오른손 팔꿈치에 가볍게 붙인 상태로
- 허리를 굽히면서 악수에 응한다.
- 손은 상사가 3번 정도 흔들어 준다.

〈악수하는 자세〉

(7) 명함교환 예법

명함은 초대면인 상대방에게 소속과 성명을 알리고 증명하는 역할을 하는 자신의 소개서이자 분신이다. 따라서 직장인은 항상 명함을 소지하고 있어야 하며, 올바르게 사용할 줄 알아야 한다.

1) 명함을 주는 방법

- 명함을 교환할 때는 손아랫사람이 손윗사람에게 먼저 건네는 것이 예의이다. 소개의 경우는 소개받은 사람부터 먼저 건넨다. 방문한 곳에서는 상대방보다 먼저 명함을 건네도록 한다.
- 명함은 선 자세로 교환하는 것이 예의이다.
- 명함을 내밀 때는 정중하게 인사를 하고 나서 "ㅇㅇ회사의 ㅁㅁㅁ이라고 합니다."라고 회사명과 이름을 밝히면서 두 손으로 건네도록 한다.
- 명함은 왼손을 받쳐서 오른손으로 건네되 자기의 성명이 상대쪽에서 보아 바르게 보이게 쥔다.

2) 명함을 받는 방법

- 명함을 건넬 때와 마찬가지로 받을 때도 일어선 채로 두 손으로 받는다. 이때 "반갑습니다."라고 한마디 덧붙이는 것이 좋다.
- 명함을 받으면 그 자리에서 상대방의 회사명, 직위, 성명을 확인하여 대화 도중에 상대방의 신원 사항을 잊어버려 명함을 꺼내 보는 일이 없도록 한다. 상대방의 이름이 읽기 어려운 한자일 경우는 상대방에게 물어서 확인 한다.

• 명함을 동시에 서로 주고받을 때는 오른손으로 주고, 왼손 바닥으로 받아 오른손 바닥으로 받쳐들고 인사, 상대방이 먼저 명함을 꺼냈으면 일단 명함을 받은 후 명함 지갑에 넣고 나의 명함을 꺼내어 오른손으로 건네주는 것이 옳다.

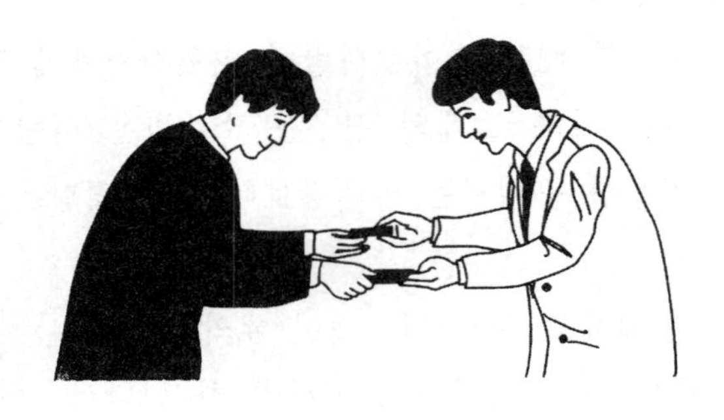

〈명함주고 받을 때〉

3) 명함교환시 금기사항

• 이리저리 명함을 찾는 행동(명함은 상대방과 대면시 즉시 건넬 수 있도록 하며, 매일매일 일정 매수를 점검하여 떨어지는 일이 없도록 한다.)
• 뒷주머니에서 명함을 꺼내는 행동(남자는 상의 안주머니 지갑이나 수첩, 명함집에, 여자는 핸드백에 넣어 두는 것이 좋다.)
• 구겨지거나 지저분한 명함을 사용하는 행동(명함은 자기의 인격을 나타내는 도구이며 회사의 이미지가 담겨 있는 소개서이기 때문에 늘 깨끗한 것으로 준비해야 한다.)
• 성명을 밝히지 않고 건네는 행동(명함을 건넬 때는 정중하

게 인사를 하고 나서 자기 성명과 회사명 등을 확실히 말해주어야하며, 사내에서 내방객을 맞이할 때는 성명만 밝혀도 무방하다.)

- 앉은 채로 명함을 건네는 행동
- 이름을 잊어 명함을 다시 꺼내 보는 행동
- 상대방의 명함을 가지고 손장난을 하는 행동
- 상대방의 명함을 가지고 낙서를 하는 행동(명함에 꼭 기입할 사항이 있으면 상대방이 자리를 뜬 뒤에 간단히 메모하는 것이 바람직하다.)
- 받은 명함을 바지 주머니나 뒷주머니에 넣거나, 자리에 앉은 후에까지 상대방의 명함을 테이블 위에 놓아 두는 행동

3. 고객감동 인사법

(1) 자세

- 표정 : 부드럽고 밝게
- 시선 : 믿음과 애정어린 눈으로 상대를 바라보며
- 고개 : 반듯하게 들고
- 턱 : 자연스럽게 당겨서
- 어깨 : 힘을 빼고 균형유지와 편안한 자세
- 무릎, 등, 허리 : 자연스럽고 곧게
- 입 : 다소곳이 다문다.
- 손 : 양손은 둥글게 쥐어 바지 옆선에 붙인다(여자는 공수

한다).

- 발 : 발꿈치는 서로 붙이고 양발의 각도는 30도 정도로 벌린다 (남성 10시 10분, 여성 11시 5분 각도)

(2) 인사

- 내가 먼저, 상대를 바라보며, 밝은 표정, 큰 목소리로, 상황에 알맞게, 정성을 담아서
- 등과 목은 반듯하게 세우고 배와 힙은 집어넣는다.
- 허리부터 상체를 숙이며 상대와 상황에 맞는 각도로 허리를 굽히며 인사말을 덧붙인다.
- 남자는 차려 자세로 서서 주먹 안쪽을 바지 옆선에 대고 인사를 한다.
- 여자는 차려 자세에서 공수를 하고 인사를 한다.

(3) 인사의 5단계

- 1단계 : 바른 자세로 선다.
- 2단계 : 상체를 1초간 숙인다.
- 3단계 : 상체를 숙인 채 1초간 멈춘다.
- 4단계 :2초간 천천히 허리를 든다.
- 5단계 : 바른 자세로 선다.

(4) 상황에 따른 인사

1) 서 있을 때(4박자 인사법)

- 상체를 허리부터 숙인다(1초간).
- 잠시 멈춘다(1초간).
- 천천히 든다(2초간).

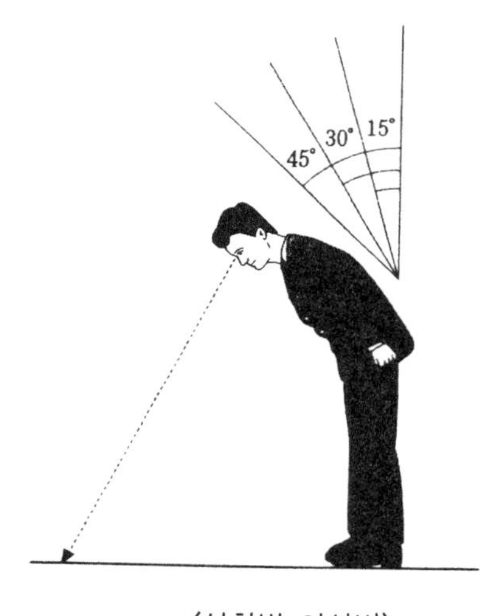

〈상황별 인사법〉

2) 걸을 때

- 상대방과 2~3m 정도의 지점에 이르렀을 때
- 상대를 향해 기본 자세를 갖춘 후 인사
- 상급자인 경우에는 상급자가 지나간 후에 움직이도록

3) 계단에서

- 계단에 발을 딛기 전 간단한 예의를 갖춘다.

• 사선 걸음으로 계단을 통과한 후 상대 앞에서 기본 자세를 갖춘후 인사

4) 앉아 있을 때

• 허리를 곧게 펴고 바른 자세로 앉아서
• 4박자 인사법 실행(15~30도 인사)

(5) 고객응대 용어와 인사

• 안녕하십니까 - 45도
• 감사합니다 - 45도
• 덕분입니다 - 15도
• 제가 하겠습니다 - 15도
• 죄송합니다 - 45도
• 그렇습니다 - 15도
• 안녕히 가십시오 - 45도

(6) 인사할 때의 금기

• 얼굴을 빤히 보고 하는 인사(턱을 쳐들고 눈은 치켜뜨고 하는 인사)
• 숙임없이 말로만 하는 인사
• 인사말이 분명치 않고 어물어물하는 인사
• 급히 하는 인사

- 뒷짐을 지고 하는 인사
- 고개만 까딱하는 인사
- 긴머리로 얼굴을 덮거나, 바로하기 위해 머리를 흔드는 인사
- 다리를 벌리고 하는 인사

(7) 남녀의 인사 방법 차이

남자는 차렷 자세로 인사하면 된다. 단, 여자는 두 손을 모아 배꼽 앞으로 자연스럽게 붙여서 즉, 공수를 하고 인사를 하면 된다. 인사건 예절이건 여성은 여성답고, 남성은 남성다운 것이 원래의 예법이다. 남녀의 인사 방법은 손의 위치만 다르다.

(8) 상황별 인사요령

- 앉아서 인사할 때 - 15도 인사
- 상대방이 멀리서 다가올 때 - 인사말을 먼저하고 인사
- 상대방이 먼저 인사를 했을 때 - 반드시 대답후 인사
- 복도 계단을 지나칠 때 - 적당한 거리에서 눈높이가 맞을 때 인사

(9) 만약 이런 인사를 받는다면?

- 망설임이 느껴지는 인사
- 분명하지 않은 형식적인 인사

• 말로만 "안녕하세요"하는 인사
• 고개만 까딱하는 인사
• 무표정한 인사
• EYE CONTACT이 없는 인사

4. 우리의 전통절

(1) 의미

공경을 나타내 보이는 기초적인 행동예절로 공경해야 할 대상에게 절로 표시

(2) 공수법

1) 공수란?

어른을 모시거나 의식 행사에 참여할 때 두 손을 마주잡아 공손한 자세를 취하는 것을 말한다. 공수는 어른 앞에서는 공손함을 표하는 수단이면서 모든 절의 시작이기도 하다.

2) 공수하는 법

① 평상시 공수법

• 남자는 왼손이 위로, 오른손이 아래로 가도록 공수하고,
• 여자는 오른손이 위로, 왼손이 아래로 가도록 공수한다.

② 흉사시 공수법

• 흉사시의 공수는 평상시와 반대로 한다.

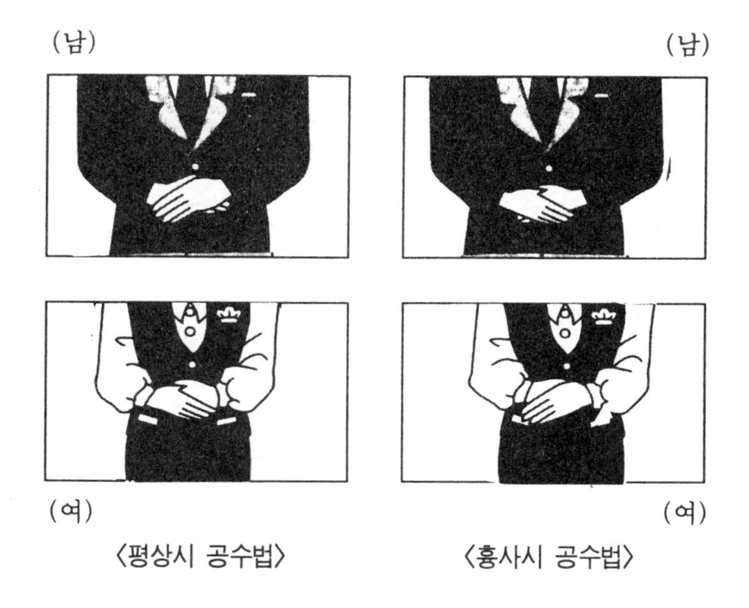

〈평상시 공수법〉 〈흉사시 공수법〉

(3) 절의 종류와 대상

1) 큰절

• 답배하지 않아도 되는 높은 어른에게나 의식행사시
(직계존속, 배우자의 직계존속, 8촌이내의 연장존속)

2) 평절

답배 또는 평절로 맞절을 해야 하는 웃어른이나 같은 또래끼리 사이(선생님, 연장자, 상급자, 배우자, 형님, 누님, 같은또래, 친족이 아닌 15년이내의 연하자)

3) 반절

웃어른이 아랫사람의 절에 대해 답배할 때 (제자, 친구의 자녀나 자녀의 친구, 남녀 동생, 8촌이내의 10년이내 연장비속, 친족이 아닌 16년 이상의 연하자)

(4) 절의 기본 회수

남자는 최소 양수인 한 번, 여자는 최소 음수인 두 번

1) 생사구별

- 산사람 - 기본 회수
- 의식행사와 죽은 사람 - 기본 회수의 배

2) 절의 재량

절반는 어른이 시키는 대로 변경하거나 줄일 수 있다.

3) 절의 생략

절할 수 없는 장소 - 경례로 대신

4) 절의 시기

절할 수 있는 장소에서 즉시

5) 답배 요령

아랫사람이 무릎 꿇는 것을 본 다음 시작하고 먼저 끝냄

(5) 절하는 요령

1) 남자의 절

큰절

① 공수하고 대상을 향해 선다.
② 허리를 굽혀 공수한 손을 바닥에 짚는다.
③ 왼쪽 무릎을 먼저 꿇는다.
④ 오른쪽 무릎을 왼무릎과 가지런히 꿇는다.
⑤ 왼발이 앞(아래)이 되게 발등을 포개며 뒤꿈치를 벌리고 엉덩이를 내려 깊이 앉는다.
⑥ 팔꿈치를 바닥에 붙이며 이마를 공수한 손등에 댄다. (차양 있는 갓이나 모자를 썼을 때는 차양이 손등에 닿게 한다. 이때 엉덩이가 들리면 안된다)
⑦ 잠시 머물러 있다가 머리를 들며 팔꿈치를 바닥에서 뗀다.

〈남자의 큰절〉

⑧ 오른쪽 무릎을 먼저 세운다.

⑨ 공수한 손을 바닥에서 떼어 세운 오른쪽 무릎 위에 얹는다.

⑩ 오른쪽 무릎에 힘을 주며 일어나서 왼쪽발을 오른쪽 발과 가지런히 모은다.

평절

큰절과 같은 동작으로 한다. 다만 큰절의 여섯 번째 동작 이마가 손등에 닿으면 머물러 있지 말고 즉시 일곱 번째 동작으로 이어 일어나는 것이 다르다.

반절

큰절과 같은 동작으로 한다. 다만 큰절의 다섯 번째 동작인 뒤꿈치를 벌리며 깊이 앉는 것과 여섯 번째 동작, 팔꿈치를 바닥에 붙이며 이마를 손등에 대는 것과 일곱 번째 동작에서 잠시 머물러 있다가 머리를 들며 팔꿈치를 바닥에서 떼는 부분은 생략한다.

〈남자의 반절〉

공수한 손을 바닥에 대고 무릎꿇은 자세에서 엉덩이를 머리까지 수평이 되게 엎드렸다가 일어나는 절이다.

고두배(叩頭拜)

공수한 손을 풀어서 두 손을 벌려 바닥을 짚으며 하는 절.

고두배는 신하가 임금에게 하는 절이며, 한 번 절할 때 세 번을 이마로 바닥을 두드리는 것이다.

2) 여자의 절

큰절

① 공수한 손을 어깨높이로 수평이 되게 올린다.(너무 올리면 겨드랑이가 보인다)
② 고개를 숙여 이마를 공수한 손등에 붙인다.(엄지 안쪽으로 바닥을 볼 수 있게 한다.
③ 왼쪽 무릎을 먼저 꿇는다.
④ 오른쪽 무릎을 왼무릎과 가지런히 꿇는다.
⑤ 오른발이 앞(아래)이 되게 발등을 포개며 뒤꿈치를 벌리고 엉덩이를 내려 깊이 앉는다.
⑥ 윗몸을 반(45도)쯤 앞으로 굽힌다.(이때 손등이 이마에서 떨어지면 안된다. 여자가 머리를 깊이 숙이지 못하는 것은 머리에 얹은 장식이 쏟아지지 않게 하기 위한 것이다.)

⑦ 잠시 머물러 있다가 윗몸을 일으킨다.
⑧ 오른쪽 무릎을 먼저 세운다.
⑨ 일어나면서 왼쪽발을 오른발과 가지런히 모은다.
⑩ 수평으로 올렸던 공수한 손을 원위치로 내리며 고개를 반듯하게 세운다.

〈여자의 큰절〉

평절

① 공수한 손을 풀어 양 옆으로 자연스럽게 내린다.
② 왼쪽 무릎을 먼저 꿇는다.
③ 오른쪽 무릎을 왼무릎과 가지런히 꿇는다.
④ 오른쪽 발이 앞(아래)이 되게 발등을 포개며 뒤꿈치를 벌리고 엉덩이를 내려 깊이 앉는다.
⑤ 손가락을 가지런히 붙여 모아서 손끝이 밖(양옆)을 향하게 무릎과 가지런히 바닥에 댄다.
⑥ 윗몸을 반(45도)쯤 앞으로 굽히며 두 손바닥을 바닥에 댄

다.(이때 엉덩이가 들리지 않아야 하며, 어깨가 치솟아 목이 묻히지 않도록 팔굽을 약간 굽혀도 괜찮다)

⑦ 잠시 머물러 있다가 윗몸을 일으키며 두 손바닥을 바닥에서 뗀다.

⑧ 오른쪽 무릎을 먼저 세우며 손끝을 바닥에서 뗀다.

⑨ 일어나면서 왼쪽발을 오른발과 가지런히 모은다.

⑩ 공수하고 원자세를 취한다.

〈여자의 반절〉

반절

여자의 반절은 평절을 약식으로 하면 된다. 답배해야 할 대상이 많이 낮은 사람이면 남녀 모두 앉은채로 두 손으로 바닥을 짚은 것으로 답배하기도 한다.

강의 KEY-WORD

KEY-WORD	내 용

강의 KEY-POINT SHEET

THEME	KEY-POINT	REMARKS
도　　입		
본　　론		
결　　론		
질의 응답		

제5장

마음을 움직이는 언어디자인과 대화법

언어 디자인의 5원칙

1. 상대의 감정 파악

2. 상대의 내용파악

3. 상대의 언어연구

4. 감동주는 언어로 디자인

5. 공감적 언어표현

제 5 장
마음을 움직이는 언어디자인과 대화법

1. 언어 에티켓의 기본

(1) 훌륭한 인격의 기준

말하기와 듣기는 인격의 발로이기 때문에 평소 우리의 인격을 넓혀 나가는데 등한히 할 수 없다. 동양적 관념으로 볼 때 훌륭한 인격의 기준을 다음과 같이 설정할 수 있다.

1) 신언서판(身言書判)

용모와 체격이 손색없고 언변과 문장이 뛰어나며 판단을 명석하게 하여 내면세계와 외부조건을 모두 수양하여야 한다.

2) 외유내강(外柔內剛)

겉으로는 부드럽고 속으로는 줏대를 갖는 삶의 지혜를 갖는다.

3) 재덕겸비(才德兼備)

비즈니스, 스터디, 리서치에서 탁월한 능력을 발휘하며 대인관계에서 덕을 쌓는다.

4) 인의예지신(仁義禮智信) → 인격수양

인격수양이 되려면 인의예지신의 5가지 덕목이 합치되어 지행합일(知行合一)이 되어야 한다.

- 인 : 남을 불쌍히 여기는 마음
- 의 : 자신을 부끄럽게 생각하는 마음
- 예 : 양보하는 마음
- 지 : 옳고 그름을 판단하는 마음
- 신 : 남을 이롭게 하는 마음

(2) 언어 예절의 중요성

우리가 예절의 마음을 상대편에게 표시하여 인식시키는 첫 번째 방법은 말이다.

말은 뜻이 담긴 소리이기 때문에 뜻이 통하지 않는 것은 말이라 하지 않고 소리인 것이다. 소리에 의미를 담으면 말이 되는데 그 말은 약속하지 않으면 안되기 때문에 그 약속을 언어 예절이라 한다. 약속으로 표시된 말은 실천이 따르지 않으면 안된다.

말하는 것과 듣는 것은 모두 인격으로 표시되는 것이다. 결국 인격이 말하고 인격이 듣는 것이라 할 수 있다. 단지 입으로 말하고 귀로 듣는 것은 진정한 인간미와 인정이 흐르지 않는 계산적인 거래 밖에 되지 않는다. 그러므로 대화는 인격과 인격의 만남이요 교류이기 때문에 언어예절의 중요성이 있다 할 것이다.

(3) 커뮤니케이션의 수단

우리는 어떻게 의사소통을 하는가? 상대편을 이해시키기 위해서는 언어뿐만 아니라 비언어적 표현에 유의해야 한다. 말 자체만이 의사 소통을 하는 것이 아니기 때문이다.

우리가 사용하는 말의 단어는 7%만 커뮤니케이션의 효과가 있으며 말의 어조와 음성, 억양이 38% 전달되고 비언어적 수단인 몸짓, 표정, 태도, 자세 등으로 무려 55% 전달되는 것을 알아야 한다. 그러므로 언어 자체보다 표정, 태도 등 언어 외적인 주변요인에 더 많은 관점을 둘 필요가 있다.

단어	말의 어조, 음성 강약	비언어 수단(몸짓, 표정, 태도, 자세)
7%	38%	55%

(4) 대화의 목적

목적없는 이야기는 설득에 성공할 수 없다. 말하는 이가 목적을 분명히 정하고 준비를 해두면 그 이야기를 잘 이해할 수 있으며 듣는 이의 시간을 절약할 수 있다. 대화의 목적은 크게 다섯가지로 분류할 수 있다.

- 즐겁게 하는 목적
- 납득시키는 목적
- 행동시키는 목적

• 감동시키는 목적
• 지식을 주던가 설명하는 목적

(5) 성공적인 대화의 조건

대화는 상대적인 것이므로 상대에게 분위기 조성과 에티켓의 실천으로 배려하는 마음을 가져야 하며 대화의 일체감을 조성하여 공감대를 형성하는 것이 필요하다. 또한 상대방 처지에 서서 생각하고 말하며 듣고 있으므로써 상호간에 감정 이입이 자연스럽게 되어야 할 것이다.

• 대화 분위기 조성
• 대화에티켓 염두
• 공감대 형성
• 인격의 교류

(6) 효과적인 대화 분위기

• 피차 긴장을 약간 푼다.
• 유머의 감각을 슬기롭게 활용한다.
• 상대방 자존심을 세워준다.
• 현재 상대방의 관심사를 화제로 말한다.
• 동류의식을 자극해 나간다.
• 감정이입을 잘해 나간다.

(7) 대화의 3요소

- 태도
- 음성
- 말씨

(8) 언어표현의 5원칙

- 밝은 눈빛
- 밝은 표정
- 밝은 음성
- 밝은 내용
- 밝은 마음

2. 신뢰받는 대화

(1) 대화의 10단계

1) 동기부여단계

- 제 1 단계: 처음 인사말 - 초면이면 통성명을 하고 명함을 교환한다.
- 제 2 단계: 친숙한 분위기 - 자리를 잡으면 처음부터 본론을 말하지 말고 잠시 기분을 맞추기 위한 대화를 한다.
- 제 3 단계: 목적이나 주지를 말함 - 기분이 어느정도 가라앉

으면 대화의 목적과 요지를 말한다.

- 제 4 단계: 피차의 신뢰감 - 다시한번 상대를 너그럽게 만드는 단계를 거친다.

2) 본론단계

- 제 5 단계: 계기를 만든다 - 그런데, 그래서…… 등을 써서 본론으로 들어가는 계기를 만든다.
- 제 6 단계: 본론에 들어간다 - 부탁, 설명, 사과 등 본론을 말한다.
- 제 7 단계: 본격적인 대화 - 본격적으로 대화하고 질문이나 응대말을 받는다

3) 결말단계

- 제 8 단계: 최종적인 조정 - 부탁을 들어주거나 용서를 하도록 조정의 필요가 발생된다.
- 제 9 단계: 확인 - 이야기 목적이 달성되었는지 확인하면서 의문점이 남지 않도록 한다.
- 제 10 단계: 감사하고 끝맺음 - 끝에 가서 뒷말을 개운하게 하기 위해 감사하면서 끝맺는 인사말을 한다.

(2) 세련된 언어 관리

1) 음성관리의 3요소

- 또렷한 목소리

• 적당한 속도
• 알맞은 음량과 강약

2) 친절, 불친절한 음성

친절한 음성	불친절한 음성
쾌활 자연스러움 친근감 성의 관심끄는 음성	불쾌, 억지 기계적 냉담 불성실 반발적 음성

3) 감동적인 말 (언어 디자인의 5원칙)
• 고운말(존경어, 겸양어, 정중어)
• 이해하기 쉬운말
• 정성이 담긴말
• 상황에 알맞는 말
• 표준말

· 존경어 : 존경하는 윗사람의 동작이나 상태를 표현할 때 사용
· 겸양어 : 자기를 낮추어 간접적으로 상대방을 존경할 때 사용
· 정중어 : 상하 관계를 떠나 정중한 응대가 필요할 때 사용

(3) 호감받는 10가지 생활 언어

- 안녕하세요 (누구를 만났을 때)
  (안녕하십니까)
- 안녕히 가세요 (손님이 떠나가실 때)
  (안녕히 가십시오)
- 안녕히 계세요 (방문하고 떠나올 때)
  (안녕히 계십시오)
- 안녕히 다녀오세요 (어른이 외출하실 때)
  (안녕히 다녀오십시오)
- 안녕히 다녀 오셨습니까? (어른이 귀가하셨을 때)
- 안녕히 주무십시오 (저녁에 잠자러 갈 때)
- 안녕히 주무셨습니까? (아침에 일어났을 때)
- 다녀 오겠습니다 (본인이 외출할 때)
- 다녀 왔습니다 (본인이 귀가했을 때)
- 안녕! (친구와 만났을 때)

기분 좋은 3가지 말

1. 예, 알겠습니다
2. 고맙습니다
3. 죄송합니다

말씨

- 높임말씨
- 반 높임말씨
- 보통 말씨
- 반 낮춤말씨
- 낮춤말

(4) 기본화법

- 말소리가 분명해야 한다.
- 이야기 목적이 확실해야 한다.
- 이야기가 듣기 쉬워야 한다.
- 이야기가 관심과 흥미를 끌어야 한다.
- 이야기가 유익한 것이어야 한다.
- 내용과 표현이 단조롭지 않아야 한다.
- 이야기가 때로 감동을 주어야 한다.
- 이야기가 상대방과 시기에 적합한 것이어야 한다.
- 이야기가 여운을 남겨야 한다.

(5) 매력있는 대화 에티켓

- 자연스럽게 표현하고 상대편이 알아들을 수 있는 말로 한다.
- 겸허한 자세로 공손한 말을 쓴다.

- 유머스러운 표현을 한다.
- 침이 튀지 않게 한다.
- 시선의 방향은 상대방의 미간을 보면서 말한다.
- 긍정적으로 표현한다.
- 표준어와 일상용어를 사용한다.
- 거짓이 아닌 진실한 표현을 한다.
- 양식(훌륭한 식견과 판단력)에서 우러나오는 말을 한다.
- 상대방 이익을 고려한 표현을 한다.
- 밝은 표정과 온화한 표정으로 말한다.
- 상대의 말을 공감적으로 경청한다.
- 되도록 말은 적게 한다.
- 발음을 정확히 하고 속도를 조절해 이해하기 좋게 말한다.

(6) 대화태도의 5원칙

- 바른자세로
- 상대를 바라보며
- 긍정적인 생각으로
- 끝까지 경청하며
- 상황에 알맞게

(7) 능변의 요건

말 잘하는 능변가란 말하기, 듣기의 일정법칙을 자유자재로 구사할 수 있는 사람이다. 이야기를 잘 하려면 아이디어 정리, 상황에 맞는 방법을 써서 흥미를 안겨주는 것이 필요하다. 거듭된 연습과 경험을 쌓으면 점차 능변으로 변모해 나간다.

- 품위있는 태도 : 내용있는 것을 말하며 자신을 갖고 말한다.
- 대화 자료의 준비 : 보통 쓰이는 이상으로 많은 자료를 준비한다.
- 말하기 속도 : 여러 가지 변화를 주어 싫증을 주지 않는다.
- 활기있게 말한다. : 대화를 즐겁게 하고 음성을 활기있게 한다.
- 흥미와 관심 : 대화를 한층 돋보이고 흥미있게 하는 관심사항을 말한다.
- 목적이 분명 : 목적을 정하고 이야기를 준비하는 것이 필요하다.
- 표현을 새롭게 : 틀에 박힌 표현보다 새롭고 신선한 표현을 한다.
- 상황에 맞는 표현 : 상대방의 상황을 살펴 변화를 준다.
- 구체적인 말, 자신의 말, 통용이 넓은 말을 사용한다.
- 포즈의 이용 : 말하기 효과를 올리는 포즈(Pause)를 취하여 듣는 이의 생각하는 깊이와 강한 인상을 심어준다.

(8) 논쟁을 피하는 세일즈 화법

① 상대방 의견의 일부분과 일치시킨다.

바로 지금 말씀하신 그 점입니다. 지금 말씀하신 것은 옳습니다. 저도 동감입니다만, 그런데……

② 일찍부터 상대방 생각과 동일했다는 행동을 보이고 이쪽 생각을 말한다.

네, 잘 알겠습니다. 제 생각과 맞습니다. 지금껏 손님과 동일하게 생각했습니다만, 그런데……

③ 대부분 다른 사람 의견이 그의 의견과 일치하고 있음을 인정해 준다.

그렇습니다. 손님께서 말씀하시는 것은 일반적인 경향입니다. 다른 손님도 다 그런 말씀을 하십니다. 당연한 말씀이죠, 그런데……

④ 상대를 공격하기에 앞서 칭찬하는 일에 인색하지 않는다.

잘 생각하신거죠. 훌륭한 의견입니다. 그러한 의견을 가지셨다는 것은 많은 연구를 하셨기 때문이겠죠. 많은 것을 배웠습니다. 그런데 이제는 어떻게 생각하시는지요?

⑤ 상대방의 불평에 대해 화난 얼굴로 대할 것이 아니라 더욱 더 예의를 갖추어 고객이 잘못 알고 있는 내용에 대해 적극적으로 설명하는 화법을 사용한다면 판매는 물론이고 좋은 인간관계가 이루어진다. 그래서 영업에 있어서 판매는 "물건을 파는 것이 아니라 인격을 파는 것"이라고 할 수 있다.

⑥ 상대방의 불평을 나쁘게만 생각하지 말고 일단 수긍하여 받아들이면서 인내를 가지고 더욱 자세히, 더욱 친절히, 더욱 적극적으로 응대하면 모든 일이 자연스럽고 쉽게 풀릴 수 있다.

(9) 대화시 유의해야 할 사항

우리의 일상 대화시 다음 사항을 유의하여 상대방의 감정을 상하는 일이 없도록 하고 최소한의 에티켓을 엄수하여 융통성 있게 적용해야 할 것이다.

- 불평, 불만을 함부로 떠들지 않는다.
- 독선적, 독단적, 경솔한 언행을 삼간다.
- 욕설, 독설, 험담을 삼간다.
- 매사 침묵으로 일관하는 것을 삼간다.
- 남을 중상 모략하는 언동을 삼간다.
- 특별한 경우를 제외하고 논쟁을 피한다.
- 자신을 함부로 뽐내거나 자랑하지 않는다.
- 공연히 남의 일에 참견하지 않는다.
- 쉽게 흥분하거나 감정에 치우치지 않는다.
- 아무때나 자신을 한탄하는 말을 삼간다.
- 아주 특별한 경우를 제외하고 거짓말을 하지 않는다.
- 농담, 야유, 핀잔은 상황에 맞게 조심스럽게 사용한다.
- 매사 아는 체하는 것을 삼간다.
- 불분명한 의사를 표시하지 않고 분명한 의사를 표시한다.
- 매사 함부로 단정하지 않고 여유있게 말한다.
- 일부분을 보고 전체를 속단하여 말하지 않는다.
- 도전적 언사는 가급적 자제한다.
- 상대방에 일방적이고 강제적인 언사를 피한다.
- 남을 비판하는 것을 자제한다.

• 상대방의 약점을 지적하는 것을 피한다.
• 남의 뒷공론을 함부로 떠벌리지 않는다.
• 상대방의 잘못을 함부로 지적하지 않는다.
• 남이 얘기하는 도중에 분별없이 차단하지 않는다.

(10) 대화시 금기사항

1) 시계를 자주 보는 버릇

• 대화중 자꾸만 시계를 보면 "다음 스케줄이 바쁜 모양이다". "내 이야기에 관심이 없는 모양이다."라고 생각하므로 상대를 기분나쁘게 만드는 일이며 또한 불안하여 말을 중단시키므로 좋지않다.
• 다음 약속시간이 정해져 있다면 대화를 나눌 수 있는 시간을 미리 정하고 미리 양해를 구하는 것이 좋은 방법이다.

2) 엉뚱한 곳을 보고 말하며 듣는 버릇

• 남이 이야기를 하는데 시선을 다른데 두거나 얼굴을 다른 곳으로 향하고 들으면 이야기에 관심이 없거나 자기를 무시하는 것으로 알기 때문에 삼가해야 할 일이다.
• 말을 할 때는 상대를 바라보아 관심을 주어야 하며 때에 따라 응답을 하고, 표정이나 몸짓 등의 반응을 보이는 것이 좋다.

3) 개인적인 약점을 들추어 비위를 거스리는 말

- 가정형편, 학력, 실력, 경력 등으로 상대방을 형편없이 깎아 내리는 말버릇이나 병신, 외팔이, 장님, 애꾸, 곰보, 절름발이, 난쟁이, 노처녀 등 개인적이고 신체적인 비위를 건드리는 말은 삼가해야 할 것이다.

> 부주위한 말은 싸움의 불씨
> 잔인한 말은 삶을 파괴
> 쓰디쓴 말은 증오의 씨를 뿌린다.

(11) 호감적 화법과 반감적 화법

1) 아이 메시지 (I-Message)와 유 메시지 (You-Message)화법

- 아이 메시지(I-Message)화법은 대화시 상대방에게 내 입장을 설명하는 것이 주안점이며, 유 메시지(You-Message) 화법은 대화시 어떤 결과에 대하여 상대방에게 핑계를 돌리는 것을 말한다.
- 일상생활에서 상대방에게 어떻게 말하느냐에 따라 그 결과와 상대방의 대응 정도가 크게 다르다.
- 연속 발생되는 대인 관계에서 항상 상대방에게 핑계를 돌리는 것보다 내입장을 충분히 설명하여 양해를 구하는 아이 메시지(I-Message)화법을 사용하는 것이 훨씬 호감주는 화법이다.

(예) 총알택시 기사를 보고 "여보, 기사! 천천히 가자"고 소리친 것은 핑계를 기사에게 돌린 유 메시지(You-Message)화법이고, "아저씨, 나는 부양가족이 있는 사람이오."라고 한 것은 내 입장을 설명한 아이 메시지(I-Message) 화법이다.

2) 두 메시지 (Do-Message)와 비 메시지 (Be-Message)화법

- 두 메시지(Do-Message)화법은 어떤 잘못된 행동의 결과에 대해 그 사람의 행동 과정을 잘 조사하여 설명하고 잘못에 대하여 스스로 반성을 구하는 것이고, 비 메시지(Be-Message)화법은 잘못에 대한 결과를 일방적으로 단정함으로써 상대방으로 하여금 반감을 불러 일으키게 하는 화법이다.
- 똑같은 상황에서 대화의 방법에 따라 상대가 받아들이는 모습은 엄청난 차이를 보이기 때문에 같은 값이면 평상시 효과적인 화법을 사용하는 것이 좋겠다.

(예) 연속 지각자에게 "당신 잘못이다." "당신은 지각 대장이다."라고 단정하면 비 메시지(Be-Message)화법이고, 상대방을 먼저 이해하며 연속 지각한 것은 잘못이라는 것을 설명하여 잘못된 점에 대하여 스스로 반성하도록 하는 것은 두 메시지(Do-Message)화법이다.

(12) 칭찬의 방법 8가지

1) 대담 찬사법

대담하게 칭찬 "선생님! 정말 멋있습니다"

2) 단순 찬사법

사실 그대로 본대로 느낀대로 "목소리가 참 좋습니다"

3) 호칭변형 찬사법

"박사님!" "사장님!" (실제는 박사나 사장이 아니다)

4) 감탄 찬사법

"어쩜!…" "역시!…"

5) 반문 찬사법

"아! 그렇습니까? 놀랐습니다"

6) 비유 찬사법

유명인이나 또는 좋은 것에 비유하여

"아주머님의 눈은 마치 '나탈리 우드' 같아요"

7) 간접 찬사법

소문이나 남의 이야기를 인용 "소문이 자자하시더군요"

8) 소유물 찬사법

소유물이나 어린아이, 가족관계 "아드님이 정말 똑똑하시더군요"

(13) 설득의 5단계

1) 상대방의 입장에서 말
2) 자기 부족점 인정
3) 상대를 자기의 입장에 세움
4) 상대의 실수를 감싸줌
5) 상대가 자기 자랑을 하게
   • Do Message와 I Message에 능숙하라

(14) 감정관리 10계

1) 시작이 중요하다.
   (오늘도 최선을 다하겠다)
2) "원래 그런 거"라고 생각하라.
   (고객은 원래 저런 거)
3) "웃긴다"고 생각하라.
   (웃긴다), (녀석이 불쌍하다)
4) "좋다, 까짓 것"이라고 생각하라.
   (이왕 해줄 바에는 화끈하게 해주겠다)
5) "그럴만한 사정이 있겠지"생각하라.
   (그럴만한 사정이 있어서 저럴 걸)
6) "내가 왜, 너 때문에"라고 생각하라.
   (내가 왜 당신 때문에 속을 썩어야 하지?)
7) "시간이 약"임을 확신하라.

(며칠, 아니 몇 시간만 지나면 별 것 아니라는 사실 '세월이 약')

8) 거꾸로 생각하라.

세상만사는 마음먹기에 달렸다.

심적 자극으로부터 탈출하려는 의도적인 노력

9) 즐거웠던 순간을 회상하라.

즐거웠던 지난 일을 회상해 보라.

10) 눈을 감고 심호흡을 하라.

3. 직장인의 감동화법

(1) 직장인의 대인관계

- 상급자는 가정에서 어른을 모시듯이 섬겨야 한다. 말씨와 칭호, 자세와 출입 동작에 이르기까지 아랫사람으로서의 처신이 돋보여야 한다.
- 동급자와 동료간에는 나이와 입사 선후배관계 등을 고려해 칭호, 말씨, 출입 자세 등을 엄격히 가다듬는다. 연상자나 선배는 형님받들 듯이 하고 연하자나 후배는 동생을 대하듯이 협화(協和)에 정성을 다해야 한다.
- 하급자에 대하여는 직급만을 내세우지 말고 나이도 고려해 자상함과 사랑으로 대한다. 하급자라도 연상자이거나 이성에게는 깍듯한 예의를 차린다.
- 회사에 찾아온 고객에게 불편함이 없이 자상하게 대하고 상

대의 연령이나 사회적 지위를 고려해 칭호와 말씨를 엄선해서 써야 한다.

- 거래처에 갔을 때는 자기가 회사를 대표한다는 마음가짐으로 상대방의 회사내 지위를 인정해 상당한 예우를 해야 한다. 상대회사라고 해서 그 지위를 무시하면 대인관계가 악화되고 상담이 이루어지지 않는다.

(2) 상사가 부하에게 주는 좋은 화법

1) 조언

- 일처리를 잘모르는 직원에게 처리방법을 자세히 가르쳐 주는 것이 조언의 방법이다.
- 비난보다는 조언의 대화 방법이 모든 점에서 좋은 결과를 가져온다.

2) 침묵

- 부하직원이 잘못을 했다고 꾸중만 하는 것이 좋은 방법이 아니다. 때에따라서 잘못을 알면서도 침묵을 하거나 못본듯이 할 때가 더 효과적 일 수도 있다.

3) 강화

- 강화란 칭찬하는 것을 말한다.
- 평소의 업무에 있어서 아무 것도 아닌 것 같지만 때를 맞춘 작은 칭찬의 말한마디로 상대방을 즐겁게 할 수 있을

것이요, 호감을 줄 수 있을 것이다.

(3) 부하직원에게 하는 비난의 말들

- 부하직원이 잘못한 일이 있으면 시정해야 할 점을 명확히 전달하고 조언을 하여 일깨운다.
- 직원들의 창의력을 죽이고 인화를 깨뜨리는 말투
  - 이건 안돼
  - 이렇게 밖에 못 했어?
  - 이건 하나마나야
  - 전에도 해 봤는데 헛일이야
  - 이런 것은 전에 없었던 일인데
  - 쓸데없는 예산 낭비야
  - 자네는 할 일이 그렇게도 없어
  - 왜 시키는 대로 안 해? 시키는 대로만 해
  - 이래 가지고도 봉급받아
  - 여기가 자네 집 안방인 줄 알아?

(4) 직장에서의 칭호

1) 상급자에 대한 칭호

- 부장님, 과장님 : 자기가 소속된 부서의 상급자는 직급명에 "님"을 붙인다.
- 인사부장님, 총무과장님 : 다른 부서의 상급자는 부서명을

위에 붙인다.

- ○부장님, ○○○과장님: 같은 직급에 여러 사람의 상급자가 있을 때는 성(姓)이나 성명을 위에 붙인다.
- 부장, 과장: 상급자에게는 하급자이면서 자기에게는 상급자를 말할때는 "님"을 붙이지 않고 직책과 직급명만을 말한다.

2) 하급자에 대한 칭호

- 과장, 계장, 대리: 직책이 있는 하급자는 직책, 직급명으로 말한다.
- ○과장, ○○○대리: 같은 직급에 여러 사람의 하급자가 있으면 성이나 성명을 위에 붙인다.
- ○○○씨, ○○○여사: 직급이나 직급명이 없는 하급자는 성명에 "씨"나 "여사"를 붙인다. (여사는 기혼여성이다.)
- ○○○선생, ○○○형, ○○○여사님: 하급자라도 자기보다 연상자라면 높여서 말한다.
- ○○○군, ○○○양: 하급자는 미성년이거나 10년 이상 연하인 미혼자라면 성이나 성명에 "군", "양"을 붙인다.

3) 동급자, 동료간의 칭호

- ○○○과장님: 동급자라도 연상자에게는 "님"을 붙인다.
- ○부장, ○○○과장: 직급이 있으며 동년배인 동급자에게는 직급명만을 부른다.
- ○선생님, ○○○선생님: 동료라도 10년 이상 연상이면 "선생님"을 붙인다.
- 선배님: 자기보다 5년 이상 입사 선배이거나 연상자이면

남녀 모두 선배님이라 부른다.

• ○○○씨, ○○○여사님 : 동료간이지만 친숙하지 못한 동년배는 "씨" "여사님"을 붙인다.

• ○형, ○○○형, ○○○여사 : 동년배로서 친숙한 사이에는 성이나 성명에 "형", "여사"를 붙인다.

• ○군, ○ 양 :10년 이상 연하자로서 친숙한 미혼이나 미성년은 "군", "양"을 붙여서 부른다.

(5) 서비스 화법의 10대 포인트

1) 3의(三意)를 가지고 말할 것
   3의(三意) = 열의(熱意), 성의(誠意), 호의(好意)
2) 항상 부드러운 미소를 띠고 상냥하게 말할 것
3) 목소리의 크기와 말의 속도는 T.P.O에 맞출 것
4) 시선은 상대방에게 둘 것
5) 칭찬할 것
6) 잘 듣고 맞장구 칠 것
7) 똑똑한 체 하지말 것
8) 고객의 입장을 존중할 것
9) 침착하게 말할 것
10) 반말을 하지 말 것

(6) 고객 접객상담

- 고객과 상담시는 고객의 마음을 편안하게 하여 불편하지 않도록 하는 것이 기본이다.
- 불편한 점이나, 시정사항, 요구사항 등을 노트에 기록하면서 고객의 말을 성의껏 듣는 것이 첫 과제다.
- 문제 해결이나 시정 조건과 절차를 자세히 말해주고, 고객이 믿을 수 있게 하고, 흡족한 마음을 가지고 돌아갈 수 있도록 한다면 회사의 친절을 홍보할 수 있는 신용창조의 기회를 가질 수 있다.

고객에 대한 접객용어

좋지 않은 용어	좋은 용어
너희들	여러분
누구, 누구지요?	어느 분, 어느 분이십니까?
저 사람	저 분, 저쪽에 계신 분
ㅇㅇ회사 사람	ㅇㅇ회사에서 오신 분, ㅇㅇ회사 손님
없습니까?. 없습니다.	안 계십니까? 안 계십니다.
누구입니까?	누구십니까?
있습니다.	계십니다.
같이 온 사람	같이 오신 분
자리에 없어요.	자리를 비우셨습니다. 자리에 안 계십니다.
안 됩니다. 못합니다.	어렵습니다. 하기 곤란합니다.
몰라요.	잘 모르겠습니다.
전화해 주세요.	전화 부탁드리겠습니다.
어떨까요?	어떻겠습니까?
다시 오세요	다시 한번 와주시겠습니까?
무슨 일입니까?	용건이 무엇인지 말씀해 주시겠습니까?
누굴 찾아왔지요?	어느 분에게 용무가 있으신지요?
불러 보지요	불러보겠습니다.
뭐라고 했지요?	뭐라고 말씀하셨습니까?
알았어요.	알겠습니다.
나는	저는, 저희는
우리 회사는	저희들은, 저희 회사는
당신, 아저씨, 아주머니	손님, 선생님, 사모님
사는 집, 집	댁, 자택, 주소
할아버지, 할머니	어르신, 어르신께서
어서오세요	어서오십시오. 이렇게 찾아주셔서 감사합니다.
조금 기다려 주세요	죄송합니다만 잠시 기다려 주시겠습니까?
이름이 뭡니까?	죄송합니다만 존함이 무엇인지요?
이름과 주소를 써 주세요	죄송합니다만 여기 존함과 주소를 기록해 주시겠습니까
잘못했습니다.	죄송합니다. 드릴 말씀이 없습니다.
잘 가세요. 또 오겠습니다.	안녕히 가십시오. 또 뵙겠습니다.

(7) 직장인의 10대 친절 용어

- 안녕하십니까?(안녕하세요)
- 어서오십시오.(반갑습니다)
- 무엇을 도와 드릴까요?
- 예, 알겠습니다.
- 잠시 기다려 주시겠습니까?
- 오래 기다리셨습니다.
- 죄송합니다.
- 죄송합니다만
- 감사합니다.(고맙습니다)
- 안녕히 가십시오.

(8) 대화중 화제의 선택

1) 식사시

- 화제거리 : 미술, 음악, 스포츠, 맛있는 것, 여행이야기 등 모두가 공감하고, 즐겁고도, 기뻐할 수 있는 내용
- 삼가할 화제 : 정치이야기, 기분 나쁜이야기, 맛 없는 음식 이야기등 좋지 않은 이야기

2) 즐거운 장소에서

- 화제거리 : 좋은 일의 모임이나, 장소에서는 기쁘고 즐거운 웃음을 가질 수 있는 화제거리를 선택

- 삼가할 화제 : 결혼식장에서 이혼이야기나, 출판기념회에서 책을 나쁘게 평가한다던지, 회갑식장에서 죽음 이야기 등 그 날의 주인공을 욕되게 하는 이야기

3) 슬픈 장소에서

- 화제거리 : 엄숙하고 슬픈모습으로 대하며 조용히 슬픔을 함께 나누는 화제
- 삼가할 화제 : 슬픈 장소에서 싱글벙글 즐거운 표정을 하고 누구 아들 낳은 이야기나 결혼한 이야기를 하는 것은 지성인의 태도가 아니다.

(9) 신체언어(body language)의 행동상의 의미

대화시 사람의 신체적인 태도에 관계된 것을 신체언어(body language)라고 한다. 신체언어도 예의의 연속이므로 상대방에게 불편을 끼치지 않도록 신체언어에 신경을 써야 한다.

신체언어의 종류 및 행동상의 의미

종 류	내 용
• 눈을 찌뿌림	• 반발, 짜증
• 눈을 감음	• 대화 불필요, 휴식을 원함
• 입을 꽉 다뭄	• 반발, 결심
• 고개 끄덕거림, 미소	• 관심, 흥미
• 뒷머리 긁음	• 약간 곤란, 난처함
• 손을 이마에 댐	• 약간 곤란, 난처함
• 손톱을 물어 뜯음	• 초조, 긴장
• 다리, 발을 떰	• 불안, 초조, 공포
• 팔장을 낌	• 무관심, 관망, 방어
• 뒤로 젖혀 앉음	• 방어, 약점을 보이지 말자
• 어깨를 좌우로 흔듬	• 여유표시, 가부의 보류
• 목소리 갑자기 높임	• 반발, 반항강조
• 목소리 갑자기 낮춤	• 후회, 자신감 부족
• 뒷짐지기	• 권위표시
• 두손 비비기	• 자신없음, 마음약함, 아첨동작
• 눈을 치 뜸	• 상대의심
• 눈을 내리 뜸	• 부정적

4. 호감받는 듣기 예절

(1) 말을 듣는 예절

• 말을 귀로만 듣지 말고 표정, 눈빛, 몸으로도 듣는다는 자세가 필요하다.

• 바르고 공손한 자세와 평온한 표정으로 듣는다.
• 상대가 알아차리도록 은근하면서도 확실한 반응을 보인다.
• 질문하거나 다른 의견을 말할 때는 정중하게 말한 사람의 양해를 구한다.
• 몸을 흔들거나 손과 발로 엉뚱한 장난을 치지말고 열심히 듣는다.
• 말하는 도중에 끼어들지 말고 의문이 있으면 말이 끝난 뒤에 묻는다.
• 대화중에 자리를 뜰 때는 양해를 구하고, 다른 사람에게 방해되지 않게 한다.
• 말을 듣는중에 중요하거나 의문나는 점은 메모한다.

(2) 남의 말을 잘 듣는 경청의 10원칙

1) 침묵 귀를 기울일 것
2) 표정과 동작을 주시할 것
3) 감각을 총동원하여 들을 것
4) 분위기를 깨지 말것
5) 맞장구를 칠것
6) 주의깊게 들을 것
7) 중단시키지 말것
8) 흥미를 가질것
9) 상대방의 입장에서 들을 것
10) 상대방의 거울이 될것

(3) 듣기의 5가지 단계

1) 무시 : 아예 듣지 않는다.
2) 듣는 척 : 듣는 시늉만 보이려고 한다.
3) 선택적 듣기 : 흥미있는 부분만 기울인다.
4) 적극적 듣기 : 상대방 말에 귀를 기울이고 집중하며 자신의 경험과 비교한다.
5) 공감적 듣기 : 상대방 말과 감정을 이해하기 위해 눈과 마음으로 듣는다.

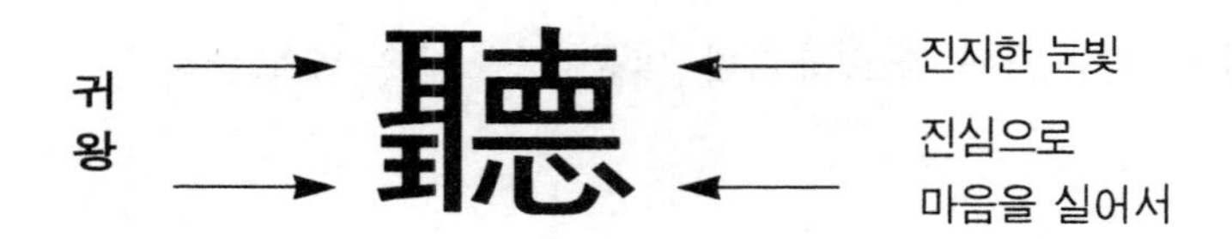

듣는 확율

- 무시(Ignore) : 0%
- 듣는 척(Pretend) : 10%
- 선택적(Selective) : 10~40%
- 적극적(Active) : 50~60%
- 공감적(Empathic) : 90~100%

(4) 공감적 경청(대화)의 5단계 기술

제 1 단계 **내용 반복**

상대방이 말한 것을 단순히 흉내내듯이 말로만 반복한다.

제 2 단계 **내용 재정리**

상대방이 말한 의미를 자신의 말로 요약한다.
1단계보다 더깊은 생각이 필요하다.

제 3 단계 **감정의 파악**

자신의 말로 상대방을 더깊이 이해하고 감정을 파악한다.

제 4 단계 **내용 재정리 / 감정의 파악**

자신의 말로 상대방의 감정을 파악한다.
2단계와 3단계를 결합하여 내면을 파악한다.

제 5 단계 **공감적 표현**

가장 적절한 때를 골라서 감정을 공감한다.
공감이 불필요하거나 부적당한 지를 구별해낸다.

> 생각의 공감, 마음의 공감, 표정의 공감, 태도의 공감, 음성의 공감

(사례)부자간 대화

1) 연예계에 나간다고
2) 너무 힘들어 가지고 대학가는 것을 포기한다. 음……
3) 공부가 잘 안되는 모양이구나
4) 대학 포기할 정도로 교육제도가 잘못 되었구나, 힘들겠구나
5) 공감적 표현: 손뼉치기, 엉덩이나 발 맞추기

(5) 불평처리 5원칙

1) 경청
2) 사람을 바꿈
3) 장소를 바꿈
4) 시간을 가져라
5) 개선해라

(6) 맞장구치는 5가지 방법

1) 타이밍을 맞출 것
2) 맞장구는 짧게 감정을 넣을 것
(아! 그래요? 그래서요? 저런! 역시!……)
3) 맞장구를 멈출 때를 알 것
(열을 올리고 있을 때는 잠시 맞장구를 멈춘다)
4) 맞장구는 지혜롭게 할 것

(대화를 원하는 방향으로 이끌면서)

5) 긍정의 말에만 맞장구를 칠 것

언어 사용의 원칙

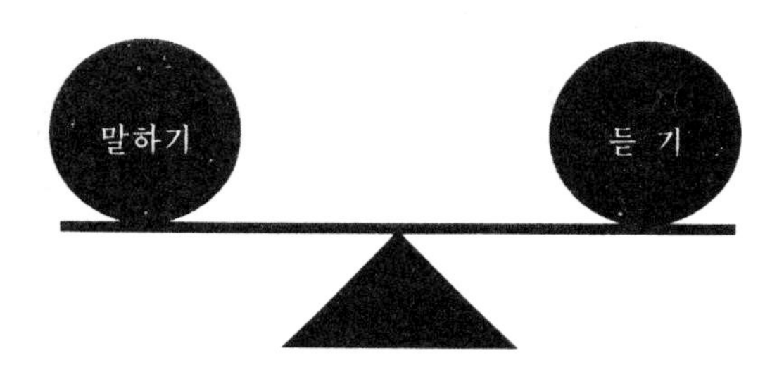

- 말하기 듣기의 역할 교환
- 언어사용의 원칙
  - 단 한마디라도 신경써서
  - 명령을 의뢰형으로
  - 부정형을 긍정형으로
  - 부정형을 의뢰형으로
  - 플러스 대화법
  - 경어의 사용

말하기의 기본자세

- 눈 - 듣는 사람을 정면으로 보고 경청
  - 상대방의 눈을 부드럽게 주시

• 몸 - 표정 : 밝은 표정으로
- 자세 : 등을 펴고 똑바른 자세로
- 동작 : 제스츄어 사용

• 입 - 어조 : 정확한 발음, 자연스럽게, 상냥하게
- 말씨 : 알기 쉽게, 친절하게, 경어를 사용하며
- 목소리 : 한톤 올려서, 적당한 크기와 속도로

• 마음 - 성의와 선의를 가지고

올바른 존대어

"~하신다." "~하십시오."

• 물어본다 → 여쭈어 본다
• 있다 → 계신다
• 저 사람 → 저분
• 누구 → 어느분
• 나이 → 연세

올바른 겸양어

"~했습니다." "~하겠습니다."

• 말한다 → 말씀하신다
• 나 → 저
• 우리 → 저희

말에 관한 명언 / 속담

- 말의 명인이 되면 지위와 부는 자연히 따라온다. - 이집트 명언
- 낮말은 새가 듣고, 밤말은 쥐가 듣는다.
- 말한마디로 천냥 빚을 갚는다.
- 발 없는 말이 천리간다.
- 가는 말이 고와야 오는 말이 곱다
- 말이 씨가 된다.
- 처녀가 애를 낳아도 할 말은 있다.
- 은쟁반 위에 금사과
- 되로 주고 말로 받는다.
- 고기는 씹어야 맛이고 말은 해야 맛이다.
- 말은 '창조와 파괴'의 양날이 있는 칼날과 같다.

(7) 에릭번의 인간관계와 대화유형

- 심리분석 이론(1958년 캐나다 에릭번:정신과 의사)

1) 인간의 3가지 자아상태

- Parent (P) → 부모의 마음
- Adult (A) → 성인의 마음
- Child (C) → 아이의 마음

① 부모의 마음 (P)

- 길러준 부모로부터 받아들인 부분

(부모가 자식에게 하는것 같은 느낌- 타인에 대한 비판적, 보호적 행동)

- 밤새워 노름하다니 안되겠군
- 내가뭘 도와 줄까?

② 성인의 마음 (A)

- 감정에 좌우됨 없이
  (컴퓨터 : 냉정하게 사물을 판단)

- 문제의 원인이 무엇일까?
- 이렇게 하면 해결할 수 있을까?

③ 아이의 마음 (C)

- 유아기에 자연적으로 발생하는 충동
  (본인 감정을 누르고 있는 상태)

- 야! 멋있다.
- 내가 참자

2) 대화유형

① 상보적 교류

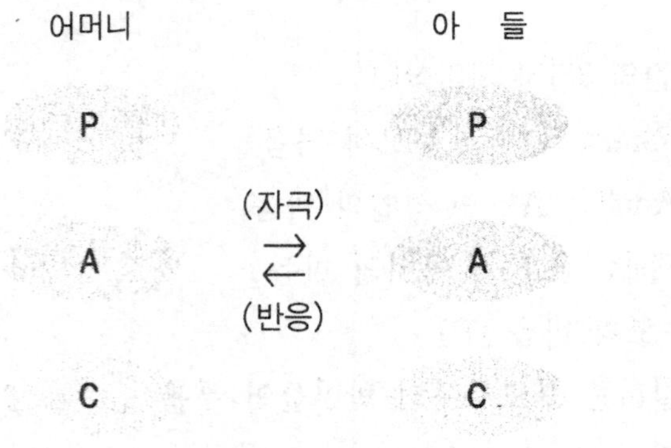

커뮤니케이션 제1법칙
- 화살표 평행선
- 커뮤니케이션 계속 진행

② 교차적 교류

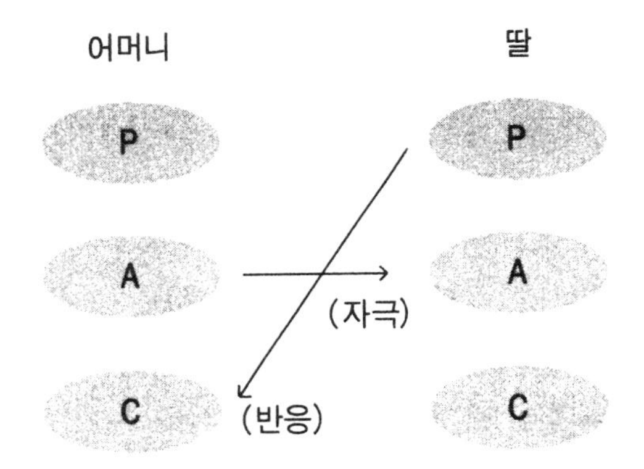

커뮤니케이션 제2법칙
- 화살표 교차
- 커뮤니케이션 단절

③ 이면적 교류

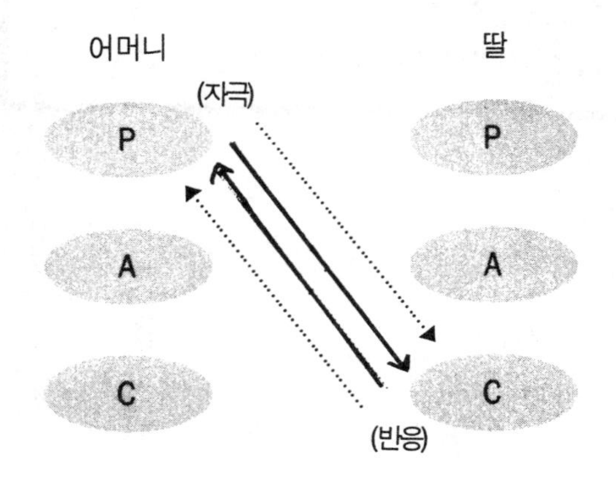

커뮤니케이션 제3법칙

- 화살표 평행선
- 이면에 표면과 다른 숨겨놓은 의도
  (표면의 메시지와 이면의 메시지가 다른 교류)

감동을 주는 언어디자인

바람직하지 않은 용어	바람직한 용어
우리 회사	회사내)우리 회사 회사밖) 저희 회사
너희 회사	(회사 명칭으로 대신) 예)대한통운에서는…
데리고 온 사람	같이 오신 분
누구십니까?	실례지만 성함이 어떻게 되시는지요
○○씨 입니까?	실례지만 ○○씨 십니까
무슨 용건입니까?	무엇을 도와드릴까요
잠깐 기다려 주십시오	(죄송하지만) 잠시 기다려 주시겠습니까?
(담당자는) 곧 옵니다	곧 → 구체적으로 '몇시 이후' 혹은 '몇분 후에'
자리에 없습니다	지금 자리에 없습니다만 메모 남겨 두시겠습니까?
외출 중입니다	외출 중입니다만 ○시경에 돌아올 예정입니다. 혹시 전하실 말씀이 있으십니까?
돌아오면 말해 두겠습니다	돌아오면 전해 드리겠습니다
또 와주시겠습니까?	(번거러우시더라도, 가능하시다면, 죄송합니다만) 또…
이쪽에서 가겠습니다	제가(저희가) 가도 괜찮겠습니까?
전화주십시오	(가능하시다면) 전화주시면 감사하겠습니다
다시한번 말해 주십시오	(전화상태가 좋지 못한데) 다시 말씀해 주시겠습니까?
알았습니다.	네, 잘 알겠습니다
모르겠습니다	죄송합니다만 제가 잘 모르는데 확인해 보겠습니다 죄송합니다만 ○○○로 문의해 주시겠습니까?
알고 있습니다	예, 알고 있습니다
할 수 없습니다	최선을 다해보겠지만, 어려울 것 같습니다. (좀 곤란합니다)
미안합니다	미안합니다. (조심하겠습니다. 양해해 주십시오. 앞으로 유의하겠습니다.)
없습니다	없습니다만, ○○나 ○○는 어떠신지요
일주일 정도 걸립니다	일주일 정도 걸립니다만, 지장 없으시겠습니까? (괜찮으시겠습니까?)
잔돈은 없습니까?	잔돈으로 준비해 주시면 감사하겠습니다
알아봐 주십시오	(번거러우시더라도, 가능하시다면)알아 봐 주시면 감사하겠습니다. (도움이 되겠습니다)
이쪽으로 오십시오	이쪽으로 와 주시겠습니까?

강의 KEY-WORD

KEY-WORD	내　　용

강의 KEY-POINT SHEET

THEME	KEY-POINT	REMARKS
도　입		
본　론		
결　론		
질의 응답		

제6장

마음을 연결하는 커뮤니케이션과 갈등관리

갈등관리의 CYCLE

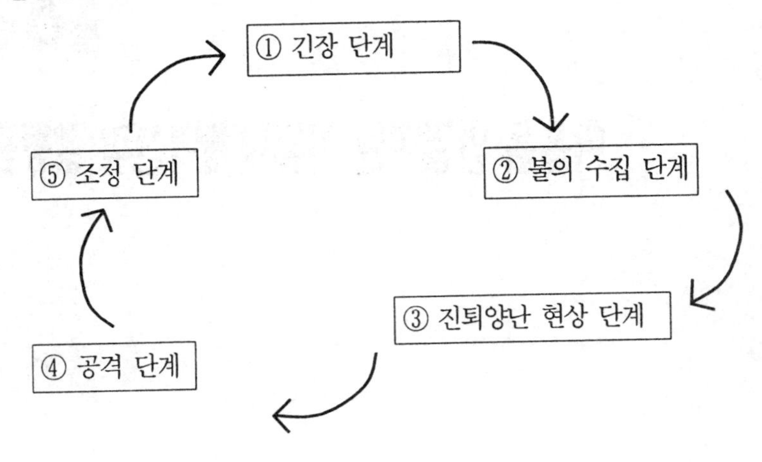

제 6 장
마음을 연결하는 커뮤니케이션과 갈등관리

Ⅰ. 커뮤니케이션(communication)

(1) 커뮤니케이션이란?

- 커뮤니케이션은 생명체들의 감정, 태도, 사실, 신념 등을 전달하는 과정
- 언어와 비언어적인 기호(표정, 눈짓, 몸짓)나 단서(침묵, 입모습, 감촉 등)를 사용
- 인간이 타인에게 영향을 주고 타인을 이해하는데 사용되는 모든 수단을 포함(양방향적인 과정)
- 요소 : 송신자, 메시지, 수신자

- 커뮤니케이션은 보통 '의사소통'으로 번역되지만, 보다 넓은 의미를 가지고 있다.
- 커뮤니케이션에는 단순히 특정한 대상에게 구체적인 정보나 감정을 전달하는 것뿐만 아니라, 스스로를 표현하고 드러내는 'Presentation'의 의미도 포함되어 있다.
- 인간은 욕구를 충족시키기 위해 행동한다. 커뮤니케이션도

욕구 충족을 위한 인간의 행동으로 이해해야한다.

- 인간의 욕구를 충족시키기 위해서 행하는 커뮤니케이션은 의사전달, 정보교환, 감정의 이입의 형태로 나타난다.
- 커뮤니케이션 수준도 언어적 수준과 정서적 수준으로 구분할 수 있다. 예를 들어 아내와 남편에 대한 바가지는 언어로 표현되는 불만을 드러내고자 하는 것이 아니라, 남편으로부터의 정서적인 관심을 얻으려는 데 본래의 목적이 있는 것이다.
- 커뮤니케이션에 동원되는 수단은 암호와 같이 거의 무한하다.

(2) 커뮤니케이션의 과정 및 요소

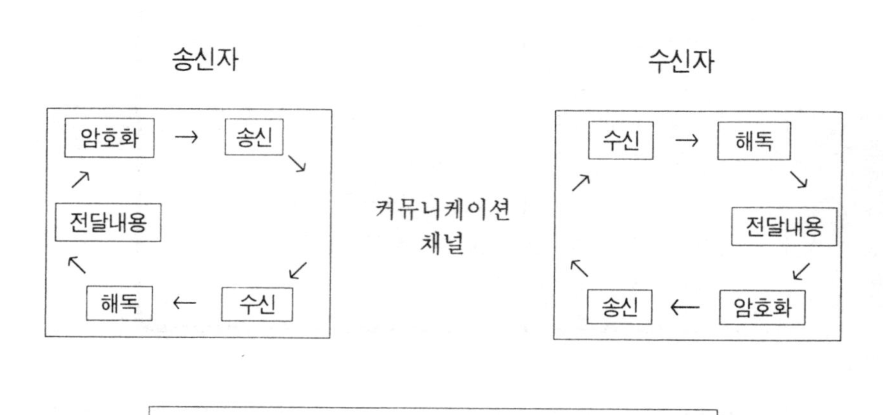

- 커뮤니케이션은 송신자와 수신자 사이의 양방향 과정

- 사람들 사이의 커뮤니케이션은 여러 단계를 거치는 매우 복잡한 과정이다. 따라서 효과적인 커뮤니케이션을 위한 가능

성과 동시에 저해요인들이 개입될 가능성도 매우 높다.

- 다른 사람들이 우리를 완전히 이해하고, 우리가 다른 사람들을 완전히 이해한다는 것은 거의 불가능하다.
- 커뮤니케이션은 본질적으로 양방향성을 띤 것으로서, 효과적인 커뮤니케이션을 위해서는 송신자와 수신자 사이의 긴밀한 대응이 필수적이다.
- 커뮤니케이션에 있어서 송신자와 수신자 모두가 화자와 청자의 역할을 겸해야한다.

(3) 커뮤니케이션의 저해 요인

- 과거의 경험
- 선입견과 고정 관념
- 잠재적 의도
- 물리적 환경

- 커뮤니케이션을 저해하는 요인들은 메시지 자체를 왜곡하는 것과 피드백을 방해하는 것들이 있다.
- 과거의 경험은 사람들에게 어떤 메시지가 있을 것이라는 점을 미리 짐작하게 하여 흥미를 잃게 하거나 중요하지 않을 것이라고 왜곡하게 한다.
- 선입견은 메시지의 의미를 피상적으로 이해하게 만들기 때문에 커뮤니케이션을 차단하는 장벽이 된다.

- 고정관념은 시각적인 정보, 가치관, 편견, 불완전한 정보 등을 기초로 형성되어 수신자가 메시지를 걸러서 이해하도록 한다. 예를 들어 강단에 서는 사람이 정장을 하고 있는 경우와 청바지를 입고 있는 경우를 상상해 보라.
- 잠재적인 의도는 수신자의 욕구에 따라 메시지를 해석하도록 만들어 정확한 커뮤니케이션을 저해하게 한다.
- 물리적 환경(소음, 기온, 조명)은 가장 두드러지게 나타나는 저해요소이다.

(4) 효과적인 커뮤니케이션

1) 일반 원리

- 타인의 관점에서 이해하라.
- 예상되는 장애물을 의식하라.
- 개방적인 태도로 피드백을 주고 받아라.
- 적극적인 경청의 자세를 유지하라.
- 1對1의 커뮤니케이션 방식을 택하라.
- 자기자신과 상대방을 신뢰하라.

- 효과적인 커뮤니케이션은 서로에 대한 관심과 문제를 공유하려는 태도를 바탕으로 한다. 이를 위하여, 타인의 관점을 이해하는 것이 필요하다.

• 자신과 타인의 이해의 관점이 서로 다를 수 있다는 사실을 알고 이를 극복하려는 노력을 기울여야한다.
• 커뮤니케이션에 있어서 명료한 목표, 타인의 욕구에 대한 이해, 합리적인 계획, 그리고 개방적인 피드백이 필수적이다.
• 권위나 권력은 타인이 효과적인 의사결정을 하도록 돕는 경우에만 사용한다.
• 효과적인 커뮤니케이션은 타인에 대한 진정한 배려를 전제로 한다. 이는 1 대 1의 방식을 통해서 가능하다.

2) 자아 개방

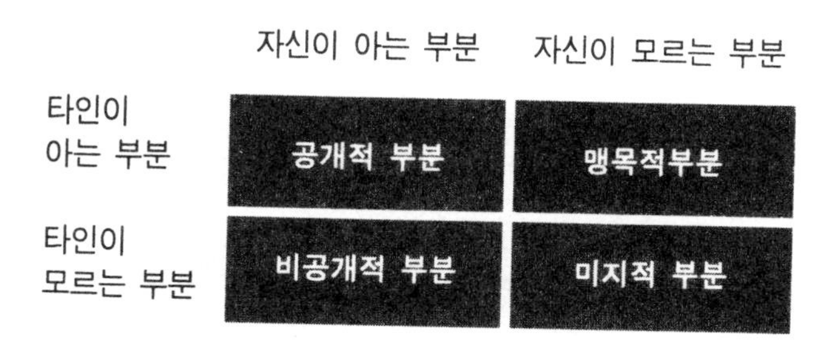

• 네 가지 창틀의 크기와 형태는 상호 신뢰의 수준과 자아 개방 그리고 피드백을 교환하는 정도에 따라 결정된다.
• 공개적인 부분은 우리가 보통 지식이라고 부르는 모든 사람이 자유롭게 알고 있는 정보에 해당한다.
• 맹목적인 부분은 보통 사람들이 스스로는 모르는 맹점을 갖고 있는데, 이러한 정보에 해당한다.
• 비공개적 부분은 자신만이 가지고 있는 비밀스러운 정보가

해당된다. 사람들은 타인을 믿지 못할 경우에 여기에 해당하는 정보를 공개하려 하지 않는다.

- 미지적 부분은 자신과 타인이 모두 모르는 정보들을 말한다. 자신의 공개와 피드백을 통해서 미지의 영역 속에 들어있는 정보들이 극적인 통찰을 거쳐 공개적 부분으로 이동하는 경우가 많이 있다.

3) 적극적인 경청

- 적극적인 경청과 소극적인 경청
  - 적극적인 경청은 말하는 사람의 메시지를 확인하고
  - 명료화하는 피드백을 동반한다.
  - 소극적인 경청은 전달된 메시지를 나름대로 해석하고 수용한다.
- 적극적인 경청의 태도
  - 사실뿐만 아니라 감정도 듣기 위해 노력한다.
  - 말하는 사람을 진지하게 쳐다본다.
  - 경청의 분위기를 조성한다.

- 커뮤니케이션의 혼란은 종종 소극적인 경청의 결과로 발생한다. 화자가 메시지를 전달할 때 듣는 자는 전달된 정보를 특정한 메시지로 전환(해석)한다. 이것은 화자가 의도하는 메시지 일수도 있다.
- 적극적인 경청은 이러한 메시지 내용을 다시 피드백함으로서 정확한 커뮤니케이션이 이루어지도록 하는데 도움을 준다.

• 적극적인 경청에서 피드백은 보통 다음과 같은 말로 시작하는 것이 좋다.
  - 내가 들은 바에 의하면……
  - 다른 말로 이야기하면……
  - 그 말은 … 이란 뜻으로 들리는 데요.
  - 내가 이해한 것은 … 인데 맞습니까?

4) 효과적인 설득

> • 필요를 느끼게 하라.
> • 설득 내용의 특징을 이해시켜라.
> • 설득 내용이 어떻게 도움(이익)이 되는지 납득시켜라.
> • 설득 내용의 효과에 확신을 느끼게 해주라.
> • 헌신하게 만들어라.

• 설득의 예를 들면, 많은 영업사원들은 그들이 판매하는 제품이 소비자에게 어떤 이익을 가져다 줄 것인지 알고 있을 때 소비자가 그 제품을 산다는 것을 잘 알고 있다. 효과적인 커뮤니케이션에 있어서도 당신의 메시지를 보다 효과적으로 전달하기 위해서는 당신의 메시지가 다른 사람에게 이익이 된다는 것을 확신을 주어야 상대방이 그 내용에 귀 기울이게 될 것이다.
• 일반적으로 사람들이 설득에 저항하는 이유와 대응방법은

다음과 같다.

- 설득 내용에 대한 오해 : 설득 내용을 구체적으로 설명
- 설득 내용에 대한 불신 : 관련 자료를 사용하여 타당성을 입증
- 다른 견해를 입증 : 상대방의 견해에 공감을 표시하면서 비교우위의 측면에서 설득하고자 하는 점을 강조

2. 갈등관리

(1) 팀 갈등의 이해와 관리

- 갈등이란 : 서로 다른 가치 사이의 불일치로 인한 심리적 긴장과 경쟁의 상태
- 갈등의 원인 : 계층, 지위, 경쟁, 기능, 공정
- 갈등의 차원 : 개인, 집단, 조직
- 갈등의 기능 : 역기능과 순기능
- 갈등 해소 모델 : 경쟁, 협조, 타협, 회피, 적응

- 인간의 갈등의 문제에 관심을 갖고 논의하기 시작한 것은 기원전 고대 그리스의 플라톤으로까지 거슬러 올라갈 수 있다.

- 현대적 갈등 이론은 1950년대 이후 전개되었는데, 특히 최근에 와서는 갈등이 인간의 행동을 이해하는데 필수적인 요건으로

간주되면서 갈등의 예방 및 제거라는 소극적인 관점에서 갈등의 조장 및 관리라는 적극적인 관점으로 이행되고 있다.

• 이러한 갈등의 원인에는 계층이나 지위와 같은 구조적인 것이 있는 반면에 경쟁, 기능, 공정과 같은 상황적인 것도 있다.
• 이와 같은 갈등 관리에 있어서 가장 중요한 것은 구성원의 갈등을 어떻게 건설적으로 조장하고 해소하는가 하는 점이다.

> • 갈(葛): 칡
> • 등(藤): 등나무
> • 갈등(葛藤): [칡덩굴이 얽힘과 같이] 일이 복잡하게 뒤얽혀 알력을 낳게 하는 상태나 관계

(2) 갈등의 기능

순 기 능	역 기 능
조직의 효과성 증진	조직 파괴
적극적 태도 문제의 명료화 기술 혁신. 결속 창의적 사고	적대감 고조 이기주의화 자원의 낭비 사실의 왜곡 구성원 이탈
심리적 긴장	

• 갈등의 순기능적 영향과 역기능적 영향을 나타내는 가장 대표적인 언급들은 다음과 같은 말에서 찾아 볼 수 있다.
• 갈등의 순기능 : 갈등은 생각을 활발하게 한다. 갈등은 사람

들로 하여금 면밀하게 관찰하도록 촉진시키고, 오랫동안 기억을 유지시킨다. 갈등은 새로운 것을 만들어낼 수 있도록 우리를 수동적인 상태에서 깨어나 보다 나은 것을 추구하도록 한다. 갈등은 반성과 독창성의 필수 조건이다.

- 갈등의 역기능 : 갈등은 집단간의 적대감이나 커뮤니케이션의 단절을 야기시킨다. 또한 구성원에게 정신적 고통을 가중시켜 개인주의화되고 목표달성에 필요한 시간, 비용, 에너지 등이 낭비되기도 한다. 오랜 갈등은 감정적인 면과 육체적인 손상을 가져오기도 할뿐만 아니라 조직 전체를 희생시킬 수도 있다.
- 따라서 갈등의 순기능을 극대화하고 역기능을 최소화하는 갈등관리가 절실하게 요구된다.

(3) 갈등 해소 방법

- 경쟁형 : 자신의 충족을 위해 상대방을 압도해 버리는 것
- 협조형 : 양측이 상호 의견교환을 통하여 양자 모두 만족을 얻는 것
- 타협형 : 양측이 조금씩 양보 - 가장 보편적인 방법
- 회피형 : 갈등 문제로부터 물러서거나 상대방의 관심사를 외면해 버림
- 적응형 : 상대방의 주장을 받아들임

• 갈등해소를 위한 일반적인 절차는 우선, 우호적인 분위기에서 갈등 상태에 대한 경청을 통한 현상의 인식이 필요하고, 다음으로 갈등 당사자의 니즈를 파악하여 이를 해결할 수 있는 전략을 결정하고 실행하는 것이다.
• 구체적인 갈등 해소 방법은 경쟁형에서부터 타협형에 이르기까지 다양한 방법이 있으며, 타협형에 가까울수록 건설적인 방법이라고 할 수 있다.
• 그러나 각각의 해소방법이 꼭 필요한 다음 상황을 인식하는 것도 갈등 관리에 있어서 매우 중요하다.

(4) 갈등 해소 방법의 적절한 상황

갈등해소 방법	적절한 상황
경 쟁	• 신속하고 결단력 있는 행동이 필요할 때 • 비용절감이나 규칙 강요와 같이 인기 없는 조치의 시행이 요구될 때
협 조	• 양측의 관심사가 너무 중요해서 타협을 보기 어려운 상황에서 통합적 해결안을 발견해야 할 때 • 양측이 관여를 확보하고자 할 때
타 협	• 복잡한 문제에 대한 잠정적인 해결안을 얻으려고 할 때 • 임기 응변적 해결안에 도달하기 위해
회 피	• 한쪽의 문제가 다른 곳보다 더욱 긴급할 때 • 사람들을 진정시키고 가다듬게 하기 위해
적 응	• 문제의 중요도가 다른 상대방의 것이 더욱 중요할 때 • 대두된 문제에 대한 사회적 신용을 얻기 위해

(5) 불안증 해소법(에드워드 할로엘 : 미국 정신분석학자)

1) 걱정 내용 분석

2) 좋은 생각

3) 운동

4) 음악감상, 연주

5) 손뼉

갈등관리 유형 진단

설명 : 아래에는 일상 생활에서 흔히 접할 수 있는 상황에 대해 당신이 어떤 행동을 취할 것인가를 설명하는 문장들이 나열되어 있다. 각 항목을 읽고 당신이 취할 가능성이 높은 항목부터 낮은 항목 순으로 점수를 매기되 점수의 합계는 반듯이 10점이 되어야한다.

1. 내가 관심을 가지고 있는 사람이 나에게 적대적인 행동을 취할 때, 나의 행동은?

   1) 적대적인 방식으로 대응한다.(   )
   2) 적대적인 행동을 하지 말라고 설득한다.(   )
   3) 가능한 참으며 그 사람의 말을 들어준다.(   )
   4) 모른척 한다.(   )

2. 나에게 별로 중요하지 않은 사람이 적대적인 행동을 취할 때, 나의 행동은?

   1) 적대적인 방식으로 대응한다.(   )
   2) 적대적인 행동을 하지 말라고 설득한다.(   )
   3) 가능한 참으며 그 사람의 말을 들어준다.(   )
   4) 모른척 한다.(   )

3. 두 사람이 심각하게 의견이 대립되어 갈등을 일으키고 있을

때, 나의 행동은?

1) 적극적으로 개입한다.(　)
2) 중재하려고 노력한다.(　)
3) 일의 진행상황을 관찰하기만 한다.(　)
4) 가능한 빨리 그 자리를 피해버린다.(　)

4. 회의에서 어떤 사람이 나에게 희생을 요구하는 요청을 했을 때, 나의 행동은?

1) 그 사람의 견해를 변화시킬 수 있는 일을 시도한다.(　)
2) 그 사람을 변화시키기 위해 "사실"에 근거해서 설득한다.(　)
3) 그 사람과의 관계를 변화시키려고 시도한다.(　)
4) 상황을 있는 그대로 받아들인다.(　)

5. 개인간의 논쟁에 휘말렸을 때, 나의 일반적인 행동양식은?

1) 그 사람의 견해를 변화시킬 수 있는 일을 시도한다.(　)
2) 그 사람을 변화시키기 위해 "사실"에 근거해서 설득한다.(　)
3) 그 사람과의 관계를 변화시키려고 시도한다.(　)
4) 상황을 있는 그대로 받아들인다.(　)

6. 갈등을 처리하는데 있어서 내가 가장 중요하게 여기는 가치는?

1) 개인적 감정 (　)
2) 이성적 사고 (　)
3) 상대방에 대한 이해와 수용 (　)

4) 인내심 ( )

7. 내가 매우 좋아하는 사람과 심각한 언쟁을 한 후에 나는?

1) 내방식대로 일을 처리해 버리고 싶은 강한 충동을 받는다. ( )
2) 서로 약간씩 양보하는 선에서 문제를 해결하고 싶어한다. ( )
3) 그것에 관해 걱정은 하지만 먼저 만날 계획은 없다. ( )
4) 그것을 방치해 두고 먼저 만날 계획도 없다. ( )

8. 내가 알고 있는 두사람 사이에 심각한 갈등이 일어나고 있는 것을 보았을 때, 나는?

1) 내가 느낀 실망감을 그대로 표현한다. ( )
2) 문제를 잘 해결하도록 두 사람을 설득한다. ( )
3) 상황의 전개과정을 주의깊게 관찰한다. ( )
4) 그 자리를 떠난다. ( )

9. 나에게 별로 중요하지 않는 두사람 사이에 심각한 갈등이 일어나고 있는 것을 보았을 때, 나는?

1) 내가 느낀 실망감을 그대로 표현한다. ( )
2) 문제를 잘 해결하도록 두사람을 설득한다. ( )
3) 상황의 전개과정을 주의깊게 관찰한다. ( )
4)그 자리를 떠난다. ( )

10. 내가 갈등과 반대에 직면했을 때 보여 주었던 행동방식에 관

해 다른 사람이 어떤 의견을 제시했을 때, 나는?

1) 내 방식대로 처리하려고 한다.( )
2) 협력적으로 차이점을 해결하려고 한다.( )
3) 개의치 않거나 또는 회유적 입장을 취한다.( )
4) 일반적인 갈등을 회피한다.( )

11. 나와 심각한 갈등관계에 있는 다른 사람과 의사소통을 할 때, 나는?

1) 말로써 상대방을 압도하려고 시도한다.( )
2) 상대방으로부터 들은 말보다 조금 심하게 이야기한다.( )
3) 말과 느낌을 상대방에게 전달하는 적극적인 경청자가 된다.( )
4) 상대방의 말에 동의하고 해명하는 수동적 경청자가 된다.( )

12. 불유쾌한 갈등에 휘말렸을 때, 나는?

1) 상대방의 기분이 상할 정도로 강하게 비꼰다.( )
2) 그 상황에 대해 빈정대는 말투로 이야기한다.( )
3) 내 자신의 입장을 나타낼 수 있는 우스개 소리를 한다.( )
4) 나의 감정을 전혀 드러내지 않는다.( )

13. 상대방이 나를 짜증나게 할 때, 그 사람과의 의사소통에서 나의 일반적인 경향은?

1) 상대방이 나의 눈을 응시하도록 요구한다.( )
2) 상대방을 똑바로 응시한다.( )

3) 가끔씩 상대방을 응시한다.( )

4) 상대방을 똑바로 쳐다보지 않는다.( )

14. 상대방이 나를 짜증나게 할 때, 그 사람과의 의사소통에서 나의 일반적인 경향은?

1) 다가서서 신체적 접촉을 한다.( )

2) 자신의 입장을 설명하기 위해 몸짓을 사용한다.( )

3) 신체적 접촉 없이 가까이에 서 있는다.( )

4) 뒷짐을 지고 조금 멀리 떨어져 서 있는다.( )

15. 상대방이 나를 짜증나게 할 때, 그 사람과의 의사소통에서 나의 일반적인 경향은?

1) 직설적인 말을 사용하여 상대방의 행동을 제지한다.( )

2) 상대방의 짜증스러운 행동을 하지 않도록 설득한다.( )

3) 점잖게 상대방에게 나의 불쾌한 감정을 이야기한다.( )

4) 아무런 말과 행동도 하지 않는다.( )

Scoring Sheet

설명 : 당신은 앞에 제시한 15 문항을 완성한 후, 먼저 전체 문항에 대한 Row Score의 합계를 아래에 먼저 기입하시오.

Row 1의 합계 : (　　　　)

Row 2의 합계 : (　　　　)

Row 3의 합계 : (　　　　)

Row 4의 합계 : (　　　　)

위에서 작성한 Scoring Sheet의 점수를 사용하여 아래에 제시된 도표에 막대 Graph를 완성하시오.

	Row 1의 합	Row 2의 합	Row 3의 합	Row 4의 합
150				
125				
100				
75				
50				
25				
0				
	경쟁형	협조형	타협형	회피형

강의 KEY-WORD

KEY-WORD	내 용

강의 KEY-POINT SHEET

THEME	KEY-POINT	REMARKS
도　　입		
본　　론		
결　　론		
질의 응답		

제 7 장

시너지 창출 리더십

Leader의 7Key words

(존 맥스 웰)

1. Vision을 품어라

2. 결단하라

3. 행동하라

4. 인격을 갖추어라

5. 모험하라

6. 희생하라

7. 섬기라

제 7 장
시너지 창출 리더십

1. 리더십(Leadership)

(1) 리더십

Lead + er + ship
(이끌다, 나르다) (사람) (상태, 직업, 기술, 수완)
① 인도, 안내하다
② 지휘하다.

- Vance Packard
  - 리더십이란 당신이 해야할 일이라고 확신하는 것을 타인에게 하고 싶게끔 만드는 것이다.
- Tom Peters
  - 리더십이란 모순과 그들의 주장을 융화시키는 것이다.
- Garry Wills
  - 리더십이란 타인을 추종자로 역할을 분담시켜 각자의 목표를 향해 움직이게 하는 것이다.
- George Garna

- 비전을 갖는다는 것은 효과적인 리더십의 출발점이다.
- 지도자는 현명하고 통찰력이 있으며 경험이 있어야 한다.
- 지도자는 논쟁을 일삼지 않고 항상 방어적이지 않으며 위협적이지 않은 방법, 즉 고상하고 인내심이 있으며 교훈적인 방법으로 대화를 하여야한다.
- 유능한 지도자는 평생 배우는 자세를 유지한다.
- 훌륭한 리더십의 가장 중요한 형태는 사람들을 한그룹으로 만들어 임무를 완수하게 하는 것이다.
- 모든 지도자에게 있어 가장 중요한 두 가지 어휘는 "들어라"와 "배우라"이다.

(2)리더십과 관리의 차이

리더십(Leadership)	관리(Management)
· Do right things right	· Do things right
· 옳은 일을 찾아내어 행하는 것	· 주어진 일을 옳게 행하는 것
· 어디로 갈 것인가?	· 어떻게 도달할 것인가?
· 21세기 필수 능력	· 20세기 필수 능력
· Leader	· Manager
· 대진리적	· 소진리적
· 많은 해결책을 알고 있음	· 한가지 방법에만 집착함
· 지혜위주	· 지식위주

(3)관리자와 리더의 차이

관 리 자	리 더
· 정해진 일	· 혁신추구
· 사본역할	· 원본역할
· 현상태 제대로 유지	· 새로운 것 개발
· 시스템과 구조에 초점	· 인간에 초점(동기부여)
· 통제와 조정	· 신뢰
· 단기적 관점	· 장기적 안목
· how와 when에 중점	· what과 why에 중점
· 좁은 시야(내부성과 위주)	· 넓은 시야(외부시야)
· 현상인정	· 자기 정체성 확립
· 제대로 된일	· 올바른일

※보스와 리더

보 스	리 더
· 두려움	· 존경
· 지시자	· 커뮤니케이션
· 군림	· 자기 희생
· 소유	· 공유
· 현실 집착	· 미래 예측

(4) 지혜와 지식의 차이

사례 이솝우화의 햇님과 바람의 농부 모자 벗기기

- 바람 : 1초내 모자 벗기겠다고 큰소리
  - 15노트 바람 불다(농부 : 움츠린다)
  - 150노트 바람 불다(농부 : 두손으로 모자 꽉 붙든다)

- 햇님 : 서서히 따사한 햇살 쪼인다
  (농부 : 스스로 모자를 벗고 땀을 닦는다.)

∴ 여기서 바람은 지식을, 햇님은 지혜를.

(5) 나는 상관인가? 리더인가?

- 상관은 공포심을 심어주고, 리더는 신념을 심어준다.
- 상관은 내가라고 말하고, 리더는 우리들이라고 말한다.
- 상관은 방법을 알고만 있고, 리더는 방법을 가르쳐 준다.
- 상관은 원망을 낳게 하고, 리더는 신바람을 불러일으킨다.
- 상관은 부하의 잘못을 꾸짖지만, 리더는 부하의 잘못을 고쳐 준다.
- 상관은 권위에만 의존하고, 리더는 협동에 의존' 한다.
- 상관은 부하를 맹종자로 만들고, 리더는 부하를 순종자로 만든다.

• 상관은 부하를 부리려하고, 리더는 부하를 인도한다.
• 상관은 부하를 고역스럽게 만들고, 리더는 일을 즐겁게 만든다.
• 상관은 부하를 권위로 다스리고, 리더는 부하를 능력으로 다스린다.

(6) 21C형 리더십

1) 다양한 리더십
(스타일 버림 : ~주의, ~사상, ~ism)
2) Empowering 리더십
개개인의 다양성도출, 동기부여, 새로운 아이디어, 분위기 창출자, 가치관, 사명감, 신바람 나는 조직창조, 스스로하기
3) Super Self 리더십
(자신의 LDS, 개인관계 LDS, 조직의 LDS)
4) Trasformational Leadership
(변혁적 리더십 : 미래의 리더)
• 세상을 새롭게 보여준 사람, 새로운 사실을 알려준 사람, 사고방식을 바꿔 즐겁게 해준 사람

※ 키신저의 LDS
① Passion (열정)
② Vision (비전)
③ Decision (결정)

④ Action (행동)

※ 세계 주요 경영자의 리더십

- 월 마트 「샘 월튼」
  - 진행을 모르면 결과와 성공 여부를 알 수 없다.-
- 마이크로소프트 「빌 게이츠」
  - 홀로 설 수 있는 사람 -
- IBM, 「토마스 왓슨」
  - Think Smart(지혜롭게 생각) -
- 디즈니 월드 「월트 디즈니」
  - 리더는 꿀벌 -

● 오스왈드 샌더슨 리더는 지혜롭게 생각하는 사람이다 ● 스티븐 코비 리더는 고기잡는 방법을 가르쳐 주어 평생동안 먹고 살 수 있도록 해주는 자이다. ● 존 맥스웰 인격형은 지도자가 되지만 감정형은 피지도자가 된다

(7) Stephen Covey의 성공하는 사람들의 7가지 습관

(美 리더십 센터 소장)

1. 주도적이 되라 (개인비전의 원칙)	• 삶의 주인, 행동의 책임 • 자기 자신을 먼저 이끌어라(Self Leadership)
2. 목표를 세우고 행동하라 (개인 리더십의 원칙)	• 우리가 인생에 대한 책임이 있다는 것을 이해한다면 자신의 삶의 목표와 방향을 설정해야 한다. • 자기 사명의 실천(자기 일상의 목표 실천)
3. 소중한 것부터 먼저하라 (개인 관리의 원칙)	• 소중한 것부터 우선 순위에 따라 행동
4. 상호이익을 추구하라 (대인관계 리더십 원칙)	• 모든 사람이 승승(Win-Win)정신으로 • 상대방 인정, 제3의 대안을 찾아라
5. 경청한 다음에 이해시켜라 (공감적 커뮤니케이션의 원칙)	• 소극적 경청에서 공감적 경청 자세로 • 의사:처방하기 전에 진단한다
6. 시너지를 활용하라 (생산적 협조의 원칙)	• 서로 이해하며 창조성 발견 • 1+1=2가 아니라 그 이상이다 (사람들의 개인차를 인정)
7. 심신을 단련하라 (균형적인 자기 쇄신의 원칙)	• 상기의 모든 습관을 도와주며 매일 심신단련 • 신체적, 정신적, 영적, 사회적 차원에서 재충전

※ 습관 1,2,3(개인의 승리)

자기 수양을 통하여 극기와 자제를 할 수 있을 때 개인의 승리를 체험할 수 있다.

※ 습관 4,5,6(공동의 승리)

타인과 깊고 지속적이며 대단히 효과적인 인간관계를 구축할 수 있을 때 공동의 승리로 도약할 수 있다.

2. 리더의 위기관리

(1) 위기발생

환자를 고칠 의사가 없을 때
리더가 없을 때
현재위기, 잠재위기, 기회확인 검토
※ 비전을 제시하여 종업원 동의 얻어야

(2) 위기대처

1) 비전 제시하는 리더가 필요

- 「크라이슬러 아이아 코카」 회장의 비전 제시
  나는 희망이 있습니다. 이후 내 월급은 1달러로 하겠습니다. 자기 희생후 종업원들에게 1시간 더 일해 달라고 요청

2) 변화교육

- 목표를 향한 동기부여
- 정보 교육 훈련
- 변화 기업 문화

(위기를 잘 이용하면 엄청난 응집력과 절호의 찬스)

3) SWOT분석

- Strength (강점)
- Weakness(약점)
- Opportunity(기회)
- Threat(위협)

(3) 21세기 위기관리

1) 변화교육 : 기술능력, 감성관리능력
2) 언어능력 : 다(多) 언어 습득, 의사소통
3) 이문화 수용 : 이(異)문화 이해
4) 정보력 : 글로벌 정보력, 긴급 대응능력
5) 건강 : 정신, 육체, 영적
6) 강한 그룹과 팀웍 : 변화주도 그룹과 연합, 시너지 효과
7) 자기인식 : 자기성찰, 자기계발
8) 비전과 전략개발 : 성과 있는 비전창조, 비전달성 전략개발
9) 단기성과 지양
10) 목표 강화와 변화증진 : 변화비전 장애요인 제거

강의 KEY-WORD

KEY-WORD	내　　　용

강의 KEY-POINT SHEET

THEME	KEY-POINT	REMARKS
도 입		
본 론		
결 론		
질의 응답		

제8장

친절한 전화응대

전화 응대 5원칙

1. 신 속

2. 정 확

3. 간 단

4. 정 중

5. 미 소

제 8 장
친절한 전화응대

1. 전화예절의 중요성

(1) 전화예절이란?

오늘날 우리 생활에서 전화는 없어서는 안될 물건이고 특히 비즈니스 사회에서 전화의 가치와 효용은 절대적이다. "전화는 회사의 얼굴이다"라고 할 수 있으므로 전화응대 방법에 따라 회사의 이미지가 좌우되므로 좋은 응대를 하기 위해서는 자세를 바르게 하고 언어 이상의 따뜻한 마음의 뜻을 상대방에게 전달하는 것이다.

(2) 전화기의 5대 역할

- 하나의 회사
- 대표자의 얼굴
- 행정의 제일선
- 고객만족의 제일 접점
- 기업PR과 세일즈의 창구

(3) 전화고객의 3대 특성

- 얼굴이 보이지 않는다
- 예고없이 찾아온다
- 귀로서 의사결정한다

(4) 전화의 업무능력

- 시간의 효율화
- 행동의 능률화
- 경비의 절감화
- 의사 전달화
- 정보의 효율화

2. 친절한 전화응대 요령

(1) 전화예절의 3원칙

- 감사합니다(THANK YOU)
- ~해 주시겠습니까? (PLEASE)
- 죄송합니다만(EXCUSE ME)

(2) 전화응대의 5원칙

- 신속
- 정확
- 간단
- 정중
- 미소

(3) 전화받을 때의 요령

- 벨이 울리면 즉시 받는다.
- 왼손으로 받고 오른손으로 메모한다.
- 인사말과 함께 소속 부서와 자신의 이름을 밝힌다.
- "감사합니다. ㅇㅇㅇ회사 ㅇㅇㅇ팀 ㅇㅇㅇ입니다."
- "늦어서 죄송합니다." "ㅇㅇㅇ회사 ㅇㅇㅇ팀 ㅇㅇㅇ입니다."
- 상대방을 확인한다.
- 5W 2H에 의해 용건을 확인한다.
  - 전화를 받았을 경우에는 상대방과 용건을 정확히 확인하고 메모하는 습관을 길러야 한다.
  - 상대방이 자신을 밝히지 않을 경우 "실례지만 누구이신지요?"라고 확인하여야 한다. 확인하지 않을 경우 상대방으로 하여금 상식없는 사람으로 오해받기 쉽다.
- 중요한 내용은 복창하고 상대방에게 확인한다.
- 전화를 받을 사람이 통화중일 때에는 급한 일이면 메모한다.
  - "ㅇㅇㅇ는 통화중인데 잠시 기다려 주시겠습니까?" 기다리는 시간이 30초 이상 경과시 "ㅇㅇㅇ의 통화가 길어질 것

같은데 메모를 남겨 드리겠습니다."라고 하며 상대방에게 알려준다.

- 메모 후 자기 신분을 밝혀준다.

• 전화를 받을 사람이 자리에 없을 때 상황에 맞게 처리한다.
  - "○○○는 지금 자리에 없습니다. 용건을 일러주십시오."
  - "약 3시경에 돌아올거라 생각합니다. 돌아오는대로 전화를 걸도록 하겠습니다."
  - 일러준 시간에 돌아오지 않은 경우 상대방에게 늦어지는 사실을 전화로 알려준다.
• 전화 통화중에 다른 사람과 상의할 일이 발생하면 상대방에게 들리지 않도록 한다.
• 전화를 끊을 때 반드시 끝맺음 인사를 한다.
• 상대가 먼저 끊는 것을 확인하고 끊어야 한다.

(4) 전화를 걸 때의 요령

• 상대방의 전화번호, 이름, 소속, 용건을 미리 확인한다.
• 상대방이 수화기를 들면 인사를 하고 자기의 소속과 이름을 밝힌다.
• 상대방을 확인하고 지명인을 찾는다.
  - 원하는 상대방이 부재시 "죄송합니다만 ○○○에게 메모를 부탁합니다"라고 정중히 부탁한다.
  - 전화 송수신 상태가 불량시 그 사정을 말한다.
• 요점을 확인한다.

• 전화를 끊을 때 반드시 끝맺음 인사를 한다.
• 상대방이 끊는 것을 확인하고 끊는다.

〈전화를 받는 자세〉

(5) 전화 응대시 기본 화법

상 황	화 법
전화를 받았을 때	감사합니다. ~회사 ~(성명)입니다.
기다리게 할 때	죄송합니다. 잠시 기다려 주시겠습니까?
기다리고 난 후	오래 기다리게 해서 죄송합니다.
물어 볼때	죄송합니다만, ~입니까?
용무처리가 되었을 때	예, 알겠습니다.
용무처리가 안되었을 때	죄송합니다만, ~
부탁이나 의뢰할 때	죄송합니다만, ~해 주시겠습니까?
다시 물어 볼때	한번더 말씀해 주시겠습니까?
담당자를 바꿔줄때	담당자를 바꿔드리겠습니다.
찾는 사람이 없을 때	지금 자리에 안계신데 괜찮으시다면 제가 전해 드리겠습니다.
마침 인사	잘 알겠습니다. 감사합니다. 안녕히 계십시오.

(6) 기분좋게 전화로 응대하는 마음가짐

- 말은 언제나 누구에게나 정중하게 한다.
- 수화기를 들면 곧 이름을 댄다.
- 전화기 앞에서 좋은 표정과 바른 자세를 갖춘다.
- 상대방을 기다리게 할 때는 수화기를 놓는 것에 조심하고 불필요한 말은 하지 않는다.
- 통화시 손님이 방문하면 손님을 우선 배려한다.
- 상대가 몇번이고 같은 말을 되풀이 하게 하지 않는다.
- 음성의 크기와 높이는 적절히 한다.
- 통화시 모든 사람을 집중한다.

(7) 고객 불만 전화를 받는 방법

불만 전화에 대한 응대 잘못으로 회사 이미지를 악화시키는 예가 많다. 업무의 분담 등으로 전후의 사정을 잘 모른다면 더욱 신중히 대처하여야 한다. 그러나 화가 나있는 고객이 냉정해질 수 있도록 "죄송합니다"라는 한마디가 중요하다. 선입관으로 응대한다던지 사무적으로 처리하면 반드시 반발을 사게 되며, 고객에게 부당성을 지적하려고 하는 응대는 고객을 더욱 화나게 한다.

- 먼저 사과를 한다.
- 고객의 감정을 상하게 하지 않도록 불만 내용을 끝까지 참고 듣는다.

- 진실을 확인하고 변명하지 않으며 불만 사항에 대하여 정중히 사과한다.
- 불만의 원인을 조사한다.
- 최선의 해결책을 제안한다.
- 그래도 설득이 안될 때는 사람과 장소를 바꾼다.
- 책임감을 갖고 전화를 받은 사람의 이름을 밝혀 고객을 안심시키고 끝으로 한 번 더 사과하는 말을 한다.

(8) 전화응대시의 10대 강령

- 왼손에 수화기를 들고 오른손으로 메모한다.
- 벨이 울리면 신속히 받는다.
- 말씨는 부드럽고 친절하게 한다.
- 상대방의 말을 끝까지 경청하며 의중을 정확히 파악한다.
- 성의있고 책임있게 답변한다.
- 신속, 정확, 간단하게 메시지를 전달한다.
- 바른 자세, 밝은 표정, 밝은 음성으로 통화한다.
- 처음과 끝에는 인사말을 반드시 한다.
- 상대가 먼저 끊은 후 나중에 전화기를 놓는다.
- 전화 기능을 숙지하여 실수를 하지 않는다.

(9) 주의해야 할 전화예절

- 잘못 걸려온 전화일수록 친절히 받는다.

- 사적인 통화인 경우 짧게 통화한다.
- 전화를 빌려쓰는 경우 가능한한 짧게 통화하고 길어질 경우 상대방에게 전화를 부탁한다.
- 전화기의 감도는 예민하므로 사방 4미터 이내의 소리는 그대로 상대방에게 전해지므로 주의한다.
- 비밀스러운 이야기나 부탁이나 오해를 풀어야 할 경우 가능한 만나서 처리한다.

(10) 휴대폰 사용예절

- 의식행사, 회의, 고객응대 등 중요 장소에서는 타인에게 방해가 되지 않도록 전원을 끈다.
- 항공기 내에서는 전파방해가 되므로 전원을 끄고 사용을 중단한다.
- 휴대폰 통화시는 반드시 타인에게 방해가 되지 않는 장소를 이용한다.
- 운전중 휴대폰 사용은 사고원인이 되므로 가급적 사용을 삼간다.
- 휴대폰 연결상태가 불량시 상대방에게 사정을 알리고 다시 연결한다.
- 휴대폰은 타인에게 노출되지 않도록 보관하고 통화시는 용건만 간단히 통화한다.
- 휴대폰 밧데리는 완전 소모된 후 재충전하여 수명을 연장시킨다.
- 휴대폰을 들고 보행하면서 통화하는 것은 결례이다.

(11) 호출기 예절

- 의식행사, 고객응대, 회의 등 중요한 장소에서는 타인에게 불쾌감을 주지 않도록 전원을 끄거나 수신상태가 진동이 되도록 한다.
- 항공기 내에서는 전파방해가 되지 않도록 전원을 끈다.
- 호출기는 타인에게 노출되지 않도록 보관하다.
- 호출내용 확인시는 타인에게 실례가 되지 않도록 한다.

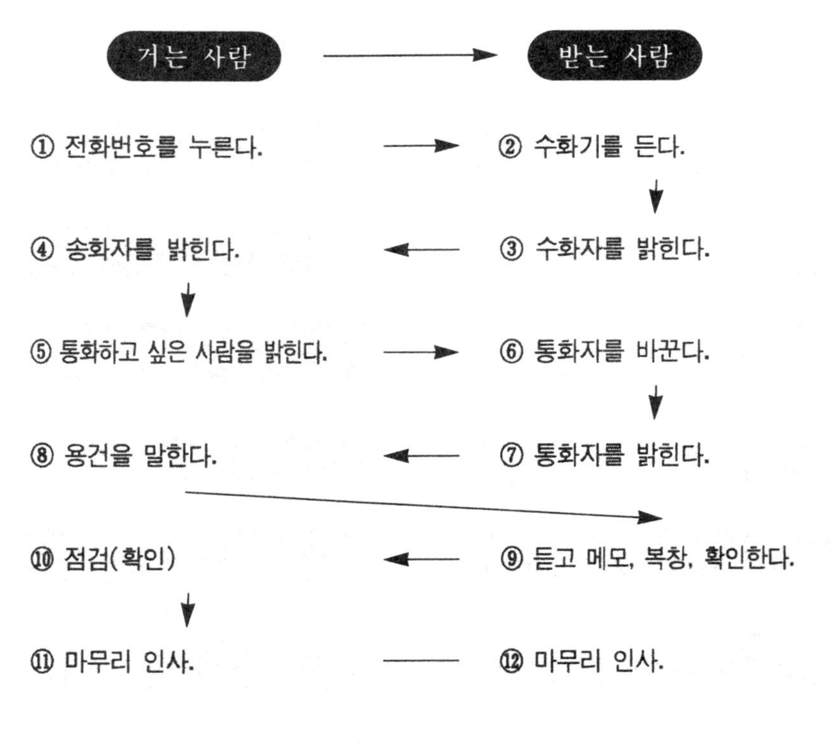

상황별 대화 요령

상 황	응 대 요 령
· 벨이 여러번 울린 후 받았을 경우 · 찾는 사람이 부재중일 경우	· 늦게 받아 죄송합니다. ㅇㅇㅇ입니다. · 지금 ㅇㅇㅇ는 (회의,외출,출장)중이십니다. ㅇ시경 돌아오실 계획인데 전할 말씀 있으시면 메모해 드리겠습니다.
· 통화중 옆고객이 질문할 경우	· 죄송합니다만 잠깐만 기다려 주시겠습니까? 급한 손님이 오셔서… 통화중 실례했습니다. 죄송합니다.
· 고객응대중 다른 전화가 걸려온 경우	· 죄송합니다만 잠깐만 기다려 주시겠습니까? 다른 전화가 와서… 통화중 실례했습니다. 죄송합니다.
· 부득이 기다리게 한 경우	· 죄송합니다만 잠깐만 기다려 주시겠습니까? (15초 간격으로 상황을 알려드림)
· 혼선이거나 잘 안들릴 경우	· 죄송합니다. 혼선이라서 잘 들리지 않습니다. 괜찮으시면 전화번호를 말씀해 주시면 제가 즉시 전화드리겠습니다.
· 바로 답변할 수 없을 경우	· 죄송합니다만… 지금 말씀드리기가 곤란하니 잠시 후에 말씀드려도 되겠습니까?
· 잘못 걸려온 경우	· 전화가 잘못 걸린것 같습니다. 여기는 ㅇㅇㅇ입니다.
· 갑자기 기침이나 재채기가 나올 경우 · 위치를 묻는 경우 · 다른부서로 연결시킬 경우	· 죄송합니다만 잠깐만 기다려 주시겠습니까? · 지금 계신 곳이 어딘지 말씀해 주시겠습니까? · 죄송합니다만 여기는 ㅇㅇ부입니다. ㅇㅇ부는 ㅇ번입니다. 연결 도중 끊어지면 ㅇ번으로 걸어주시기 바랍니다. 지금 연결시켜 드리겠습니다. 감사합니다.

강의 KEY-WORD

KEY-WORD	내　　용

강의 KEY-POINT SHEET

THEME	KEY-POINT	REMARKS
도　　입		
본　　론		
결　　론		
질의 응답		

제 9 장

공중생활 에티켓

문화시민 생활윤리

13대 기본 덕목

1. 친 절
   ① 인사 친절
   ② 전화 친절
   ③ 언어 친절
   ④ 배려 친절
   ⑤ 외국인 친절
2. 질 서
   ⑥ 공중 질서
   ⑦ 교통 질서
   ⑧ 행락 질서
   ⑨ 상거래 질서
3. 청 결
   ⑩ 일상생활 청결
   ⑪ 공공시설 청결
   ⑫ 환경 보전과 청결
   ⑬ 흡연·음주 예절과 청결

제9장
공중생활 에티켓

1. 좌석배치예절

(1) 승용차

1) 운전사가 있을 때

① 운전사의 대각선 뒷좌석이 최상석

② 운전사 뒷좌석

③ 뒷좌석의 가운뎃자리

④ 운전사의 옆좌석(경우에 따라 ③과 ④는 바뀔 수 있다.)

2) 자가 운전인 경우

• 운전석 옆자리가 상석

• 운전자의 부인과 동승한 경우 운전석 옆자리는 부인석

- 뒷좌석 가운데는 여성을 태우지 않도록(여성은 엉덩이를 좌석시트에 먼저 댄 다음 양다리를 붙여 승차)

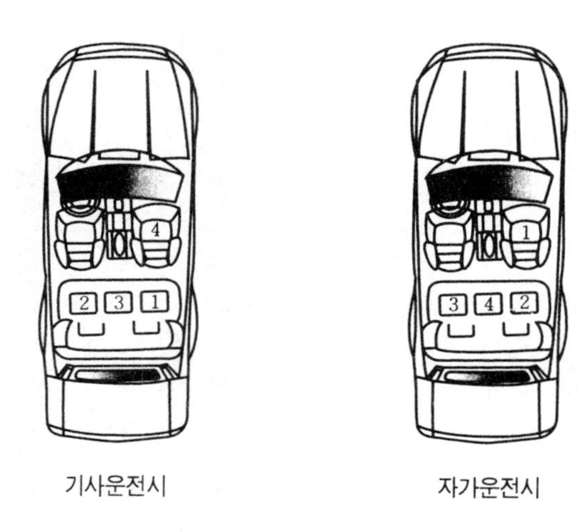

〈승용차에서의 좌석배치〉

(2) 비행기

- 비행기는 창가의 자리가 최상석
- 3인용 좌석은 통로 쪽이 두 번째, 가운데가 세 번째
- 단체 탑승시 인솔 책임자는 나중에 오르고 제일 먼저 내린다.

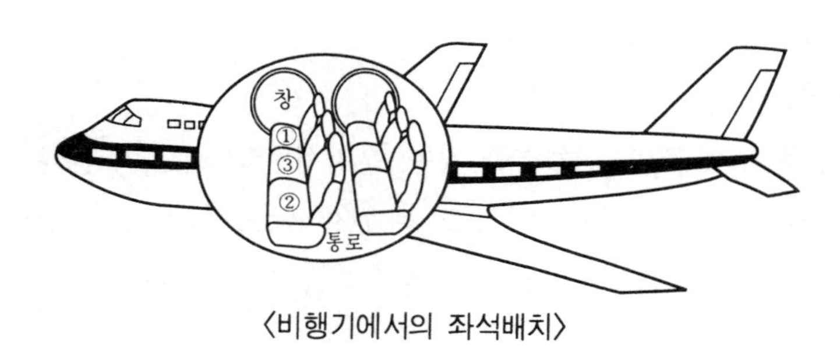

〈비행기에서의 좌석배치〉

(3) 열차

• 진행 방향의 창쪽이 최상석, 그 맞은 편이 두 번째, 최상석의 옆좌석이 세 번째, 세 번째 맞은 편이 네 번째
• 2층 침대 칸인 경우 아래층이 상석

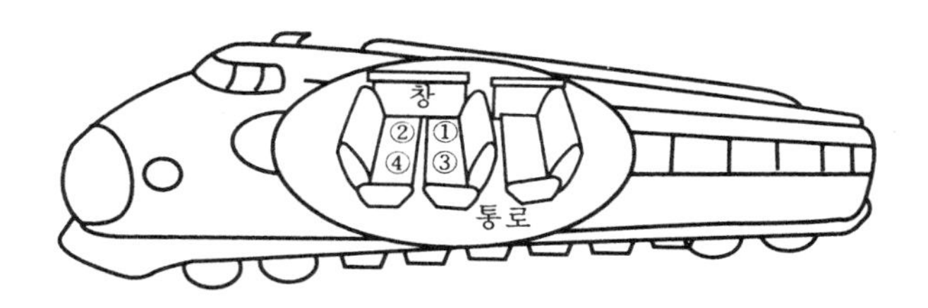

〈열차의 좌석 배치〉

2. 방문예절

(1) 행동요령

① 사전 약속을 받아둔다.
  - 회사명과 이름을 말해둔다.
  - 방문 상대방을 말한다.
② 용모, 복장을 체크하고 소지품을 점검한다.
③ 시간에 정확히 맞춰서 방문한다.
④ 응접실에서는 예의바른 태도를 갖춘다.
⑤ 헤어질 때의 전송

- 결정사항, 앞으로의 검토내용, 방문날자 등을 고객과 확인
- 공손한 태도와 말씨로 작별인사를

(2) 기다릴 때

① 안내자가 지정해 준 자리에 앉도록
② 코트는 접어서 소파의 팔걸이에(권유받을 때는 옷걸이에)
③ 명함과 필요한 서류를 준비
④ 바른 자세로 기다리다 상대편이 오면 일어서서 인사

3. 접객예절

- 바른 자세를 유지한다.
- 상대를 바라보면서 대화한다.
- 항상 "듣는다"는 자세와 마음가짐을 갖춘다.
- 용건을 정확히 파악한다.
- 메모하는 일도 중요하다.
- 용건을 미리 알고 있을 때는 필요한 서류를 챙겨 놓는다.
- 분명하고 받기 쉬운 말씨로 조리있게

사례1 도중에 일어나거나 전화가 올 경우

- 그 자리에서 전화를 받아야 할 경우가 생기면 "실례합니다." 하고 양해를 얻은 다음 통화
- 장시간의 전화는 가급적 삼가

- 도중에 일어날 때는 손님의 양해를 얻음
- 도중에 일어나는 일은 가급적 하지 않도록

사례2 배웅할 때

- 공손한 태도와 말씨로 작별인사를
- 시간이 촉박하더라도 불안해하거나 당황하는 태도를 보이지 않도록
- 출입구까지 전송
- 고객이 승용차로 왔을 경우에는 차가 있는 곳까지 함께 가서 전송
- 이쪽에서 차를 준비했을 경우 도착여부를 확인 후 대화
- 문을 열어주고 승차가 끝나면 문을 닫고, 출발하면 가벼운 인사
- 차가 떠난 후에도 차가 시야에서 사라질 때까지 자리를 지키도록

4. 차접대 예절

(1) 차를 내기 전에

- 잔이나 받침대에 얼룩은 없는가, 깨진 곳은 없는가를 확인
- 내용물은 잔의 70%만 채운다.
- 찻잔을 놓을 때 소리가 나지 않도록 주의
- 접대할 인원을 정확히 파악

(2) 회의실에 차를 낼 때

- 인원수가 많을 경우 두 사람 이상이 상석을 중심으로 좌우에 서서 차를 낸다.

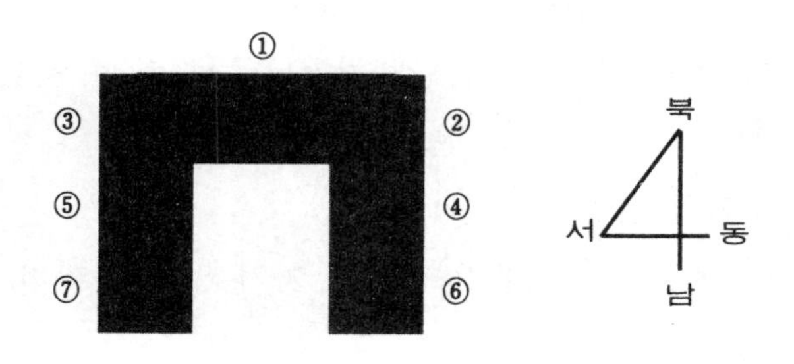

〈회의실의 좌석 배치〉

- 자리가 좁은 경우 회사 직원에게 협조를 받아 찻잔을 전달
- 사이드 테이블이 없을 때는 테이블 끝에 쟁반을 놓고 차를 대접
- 찻잔은 고객의 테이블 우측 10㎝ 정도 앞에
- 서류 때문에 찻잔을 놓을 수 없을 경우 왼손으로 쟁반을 들고 오른손으로 차를 낸다.
- 고객 또는 상급자에게 먼저 낸 다음 순서에 따라 접대한다.
- 찻잔은 고객이 돌아간 다음에 즉시 치우도록 한다.

(3) 차 마실 때

- 요란한 소리를 내며 마시지 않도록

• 찻잔의 손잡이를 손끝 전체로 쥐고 마신다.
• 상사 앞에서는 몸을 반대쪽으로 약간 돌리며 겸손하게 마신다.

〈차 마실 때〉

5. 함께 하는 공중 매너

(1) 전시장・박람회 관람 매너

• 전시품에 함부로 손을 대서 파손시키는 일이 없도록 주의한다.
• 전시품에 대해 큰 소리로 평을 하는 행위는 삼가
• 안내원의 지시에 따라 질서를 지키고 조용히 관람・감상
• 줄을 지어 관람할 때는 한 곳에 오래 머물러 뒷사람에게 방해를 주지 않도록
• 필요한 경우 사진 촬영은 허가를 얻어서 하도록
• 어린이를 데리고 갈 경우 주위 사람에게 피해를 주지 않도록 유의

• 이리저리 분주하게 뛰어다니지 않는다.
• 음식을 먹으면서 관람하지 않도록

(2) 공연장의 매너

1) 강연회 · 음악회 관람 매너

• 프로그램에 흥미를 가지도록
• 강연의 내용에 지루함을 느껴 흥미를 가질 수 없더라도 남에게 방해되지 않도록 조용히 있는다.
• 박수는 상황에 알맞게 적당히 치도록

<박 수>

• 연극, 오페라, 발레는 막이 내리고
• 기악은 마지막 악장 후에
• 국악은 한 곡이 연주 후에
• 판소리나 마당놀이는 흥에 겨우면 언제든지 박수를 칠 수 있다.

2) 연극 · 영화관람 매너

• 무대 상연이 시작되기 전에 도착해서 자리에 앉는다.
• 앉아있는 사람의 앞을 지날 때는 "실례합니다."라는 말을 잊지 않도록
• 상영동안 이야기하며 웃거나 계속해서 꼼지락거려서 주위

사람에게 피해를 주지 않도록

- 껌 · 팝콘 등을 소리내어 씹지 않도록
- 영화 상영중에 통로로 나오기 위해서 남의 앞을 지날 때는 몸을 낮게하여 지나도록
- 연극은 막이 내린 후 퇴장하도록
- 꽃다발 등을 건넬 때는 극이 완전히 끝난 다음에

(3) 거리 · 교통 매너

1) 거리 매너

- 거리에서 4~5명이 나란히 서서 걷는 것은 다른 사람들에게 불편을 준다.
- 복잡한 거리를 지나치게 느리게 걸으면 다른 통행인들에게 불편을 준다.
- 거리의 모퉁이를 갑자기 돌거나 걷는 방향을 바꾸지 않도록
- 인도에서 대화를 할 때에는 통행에 방해가 되지 않도록 한쪽으로 서서 얘기
- 남녀가 길을 걸을 때는 남성이 차도 쪽에 선다.
- 음식을 먹으면서 걷거나 담배를 피우며 걷는 일도 피한다.
- 좌측 통행과 교통신호를 지키고 길을 건널 때는 육교나 횡단보도, 지하도를 이용

2) 지하철 · 버스 승차 매너

- 대중교통 이용시는 질서와 양보의 미덕을 갖도록

• 지하철이나 버스를 탔을 때 다리를 넓게 벌려서 많은 공간을 차지하고 앉아 불편을 주지 않도록
• 노인이나 아기를 안고탄 부인에게는 자리를 양보
• 탈 때에는 여성이 먼저, 내릴 때는 남성이 먼저
• 고속버스 안에서는 안전띠 착용

3) 자가 운전자의 매너

• 교차로에서 차량 정체시는 꼬리물기를 하지 않는다.
• 과로 운전, 졸음 음전, 과속, 음주 운전을 하지 않는다.
• 방어운전을 생활화해야 한다.
• 담배를 물고 운전대에 앉지 않는다.
• 양보하는 미덕을 갖는다.
• 갓길 운행을 하지 않는다.
• 안전 운전을 위해 잡담(동승자가 있는 경우)은 피한다. 주정차는 지정된 장소에서만 한다.
• 급제동, 급정차, 끼여들기 삼가
• 차선을 지키고 일단 정지선을 지킨다.
• 차는 내부와 외부 모두 깨끗하게 한다.
• 운전자 상호간 예의 표시(손을 살며시 들면서)
• 야간 신호등 대기시는 전조등을 끄고 미등만 켠다.

6. 멋진 시민 · 품위있는 한국인

(1) 친절

1) 친절한 인사

- 인사는 밝은 표정으로
- 멀리서도 인사를
- 바쁜 상황에서도 가벼운 인사를
- 여러번 마주쳤을 때는 가벼운 목례를
- 악수는 정중하게

2) 친절한 전화통화

- 통화는 공손하게
- 전화는 너무 이르거나 늦지 않게
- 통화시 자신의 신분을 먼저
- 벨이 울리면 되도록 빨리 전화를
- 통화는 작지만 분명한 목소리로
- 공공장소에서는 통화는 되도록 간단히
- 수화기를 내려 놓을 때는 천천히
- 부재중일 때는 메모를
- 잘못 걸려온 전화도 친절하게

3) 친절한 언어생활

- 비어 및 속어는 삼가하기

• 상대방을 부를 때는 존칭으로
• 공용어로 정중하게
• 이야기를 들을 때는 진지하게
• 폐를 끼쳤을 때는 사과를
• 호의를 받았을 때는 감사를

4) 친절한 배려
• 노인 · 장애인 보호석은 앉지 않도록
• 대중교통 이용시 남에게 피해주는 행동은 삼가하기
• 길을 묻거나 가리켜 줄 때는 성실하게
• 에스컬레이터에서는 오른쪽으로
• 엘리베이터에서는 기다려서 함께 타기
• 엘리베이터에서는 가급적 닫힘 버튼을 쓰지 않기
• 뒷사람을 위해 문 잡아주기
• 무선호출기(삐삐)와 이동전화기(핸드폰) 올바로 사용하기
  - 정숙을 요하는 공공장소에서는 미리 꺼둘것
  - 걷거나 운전하면서 사용하지 말것
  - 사용금지 구역에서는 사용하지 말것
• 어려운 처지에 있는 사람에게 도움을

5) 외국인에 대한 친절
• 편견없는 시선으로
• 감사와 사과의 표현을
• 친절하고 성의있는 응대를

문화시민 친절지수

아래의 문항을 읽고, 오른쪽의 해당란에 ☑표 하세요.

	항상 그렇다	가끔 그렇다	거의 안그렇다
1. 나는 밝은 표정으로 인사하는 편이다.	□	□	□
2. 나는 멀리서 아는 사람을 보았을 때도 인사한다.	□	□	□
3. 나는 하루에 같은 사람을 여러번 만났을 때도 인사한다.	□	□	□
4. 나는 급히 가다가도 어른을 만나면 공손하게 인사한다.	□	□	□
5. 나는 정중하게 악수한다.	□	□	□
6. 나는 전화를 걸거나 받을 때 먼저 신분을 밝힌다.	□	□	□
7. 나는 전화 통화할 때 너무 큰 소리로 말하지 않는다.	□	□	□
8. 나는 다른 사람의 전화를 대신 받았을 때 메모를 남겨둔다.	□	□	□
9. 나는 전화를 잘못 건 사람에게 전화번호를 확인 시켜준다.	□	□	□
10. 나는 비어나 속어를 사용하지 않는다.	□	□	□
11. 나는 사람들을 부를 때 상대방을 존중하는 호칭을 사용한다.	□	□	□
12. 나는 남이 이야기할 때는 끼어들지 않고 끝까지 들어준다.	□	□	□
13. 나는 누군가에게 폐를 끼쳤을 때 고맙다고 말한다.	□	□	□
14. 나는 누군가에게 호의를 받았을 때는 고맙다고 말한다.	□	□	□
15. 나는 경로석에 앉지 않는다.	□	□	□
16. 나는 길을 묻거나 도움을 청할 때는 성실하고 정중한 태도로 말한다.	□	□	□
17. 나는 에스컬레이터에서 바쁜 사람을 위해 오른쪽에 붙어 선다.	□	□	□
18. 나는 엘리베이터를 탈 때 뒤에 오는 사람을 기다려 준다.	□	□	□
19. 나는 엘리베이터에서는 가급적 닫힘 버튼을 쓰지 않는다.	□	□	□

20. 나는 뒷사람을 위해 문을 잡아준다.	□	□	□
21. 나는 공공장소에서는 삐삐나 핸드폰을 꺼둔다.	□	□	□
22. 나는 어려운 처지에 있는 사람을 발견하면, 다가가서 도움을 준다.	□	□	□
23. 나는 외국인에 대한 편견이 없는 편이다.	□	□	□
24. 나는 외국인에게 실수를 했을 때는 정중하게 사과한다.	□	□	□
25. 나는 외국인의 물음에 정성껏 대답해 준다.	□	□	□

총점 계산 방법

______ ×4+	______ ×2+	______ ×0=	______
'항상 그렇다'에 표시한 개수	'가끔 그렇다'에 표시한 개수	'거의 안그렇다'에 표시한 개수	귀하가 받은 총점

평가 결과

- 59점 이하 : 문화시민으로서 미흡
- 60~84점 : 보통 수준
- 85점 이상 : 우수한 문화시민

(2) 질서

1) 공중질서

- 줄서기를 바르게
  - 도착하는 순서대로 줄서기
  - 간격을 두고 줄서기
- 경기관람은 바르게
- 긴급한 상황에서도 질서를
- 공중전화 이용은 바르게
- 공연장에서 질서 지키기
  - 시작전에 자리에 앉기
  - 남에게 폐를 끼치지 않기
- 암표 사고 팔지 않기

2) 교통질서

- 보도에서는 좌측, 횡단보도에서는 우측 통행을
- 길을 건널 때는 횡단보도로
- 차도에 내려서지 않기
- 다른 사람의 통행을 방해하지 않기
- 운전자를 방해하지 않기
- 대중교통 이용시 남에게 불편주지 않기
- 운전중 안전수칙 지키기
- 차 밖으로 오물 버리지 않기
- 보행자 배려하며 운전하기

• 교통사고 시에도 침착하고 질서있게
• 내가 먼저 양보를
  - 횡단보도에서는 보행자가 우선
  - 끼어드는 차에게는 양보를
  - 차선이 줄어들 때에는 한 차선에 한대씩
  - 양보를 받았을 때는 인사를
• 고장난 차량에게는 도움을
• 주차를 올바르게

3) 행락질서
• 과음과 고성방가를 삼가하기
• 자연을 소중하게
• 쓰레기는 정해진 곳에

4) 상거래 질서
• 강매업소 이용하지 않기
• 정찰제 매장 이용하기
• 영수증 주고 받기
• 불량품 사지 않기
• 부당한 상거래는 신고를

문화시민 질서지수

아래의 문항을 읽고, 오른쪽의 해당란에 ☑표 하세요.

	항상 그렇다	가끔 그렇다	거의 안그렇다
1. 나는 새치기를 하지 않는다.	☐	☐	☐
2. 나는 경기장에서 야유하는 등의 행동은 하지 않는다.	☐	☐	☐
3. 나는 긴급한 상황에서도 질서있게 대피할 수 있다.	☐	☐	☐
4. 나는 공중전화기를 사용할 때 뒷사람을 생각한다.	☐	☐	☐
5. 나는 공공장소에서 남에게 폐가 되는 행동은 하지 않는다.	☐	☐	☐
6. 나는 유원지에서 음주 및 고성방가를 하지 않는다.	☐	☐	☐
7. 나는 자연을 훼손하는 행동은 하지 않는다.	☐	☐	☐
8. 나는 쓰레기를 지정된 장소에서만 버린다.	☐	☐	☐
9. 나는 내가 즐길 때에도 남을 배려하려고 노력한다.	☐	☐	☐
10. 나는 자연물이나 문화유산을 아끼고 보호한다.	☐	☐	☐
11. 나는 함께 앉는 긴의자에는 드러눕거나 올라서지 않는다.	☐	☐	☐
12. 나는 사진을 찍을 때에 다른 사람에게 방해가 되지 않도록 한다.	☐	☐	☐
13. 보도에서는 좌측통행을, 횡단보도에서는 우측통행을 한다.	☐	☐	☐
14. 나는 길을 건널 때에는 횡단보도나 육교, 지하도를 이용한다.	☐	☐	☐
15. 나는 기차나 버스, 비행기 안에서 남에게 불편을 주지 않는다.	☐	☐	☐
16. 나는 차도에 내려서지 않는다.	☐	☐	☐
17. 나는 여러 명과 함께 길을 갈 때 다른 사람의 보행을 방해하지 않도록 한다.	☐	☐	☐
18. 나는 고장난 신호등을 발견하면 즉시 가까운 경찰서에 신고한다.	☐	☐	☐
19. 나는 야간이나 비오는 날에는 눈에 잘 띄는 밝은 색 옷을 입는다.	☐	☐	☐

20. 나는 차에서 내릴 때에는 안전을 확인한 후 내린다.	□	□	□
21. 나는 호객행위를 심하게 하는 업소는 이용하지 않는다.	□	□	□
22. 나는 정찰제 매장을 이용한다.	□	□	□
23. 나는 부당한 상거래로 피해를 보았을 때는 즉시 신고한다.	□	□	□
24. 나는 물건을 산 후에는 반드시 영수증을 받는다.	□	□	□
25. 나는 불량품을 사지 않는다.	□	□	□

총점 계산 방법

______ ×4+	______ ×2+	______ ×0=	______
'항상 그렇다'에 표시한 개수	'가끔 그렇다'에 표시한 개수	'거의 안그렇다'에 표시한 개수	귀하가 받은 총점

평가 결과

- 59점 이하 : 문화시민으로서 미흡
- 60~84점 : 보통수준
- 85점 이상 : 우수한 문화시민

(3) 청결

1) 일상생활에서의 청결

- 용모는 깨끗하고 단정하게
- 불쾌한 냄새를 삼가하기
- 음식을 입에 넣고 말하지 않기
- 내집 앞부터 깨끗이
- 애완동물로 남에게 폐끼치지 않기

2) 공공시설의 청결

- 공중화장실을 내집 화장실처럼
- 고장난 공공시설은 신고를
- 공중목욕탕을 바르게 이용하기
- 숙박업소에서도 질서를
- 물수건 바르게 이용하기
- 공공장소에서 음식물 먹지 않기
- 대중교통 이용시 쓰레기 버리지 않기
- 남이 버린 쓰레기도 줍기

3) 환경보전과 청결

- 유원지를 청결하게
  - 취사는 지정된 곳에서만
  - 오물을 함부로 버리지 않기
  - 쓰레기는 되가져오기

- 환경보전으로 경제 살리기
  - 일회용품을 사용하지 않기
  - 쓰레기 분리수거는 철저하게
  - 음식물 쓰레기는 별도로
  - 음료수병에 오물 넣지 않기
  - 세제나 샴푸는 가급적 적게

4) 흡연과 음주의 예절

- 걷거나 남과 함께 있을 때는 흡연을 삼가하기
- 담배꽁초는 지정된 곳에
- 식기에 재 떨지 말기
- 술잔을 강제로 돌리지 않기
- 올바른 음주문화를

평가 결과

- 59점 이하 : 문화시민으로서 미흡
- 60~84점 : 보통수준
- 85점 이상 : 우수한 문화시민

문화시민 청결지수

아래의 문항을 읽고, 오른쪽의 해당란에 ☑표 하세요.

	항상 그렇다	가끔 그렇다	거의 안그렇다
1. 나는 항상 깨끗하고 단정한 용모를 유지한다.	☐	☐	☐
2. 나는 애완동물을 기를때 남을 생각한다.	☐	☐	☐
3. 나는 음식을 입에 넣은 채 큰 소리로 말을 하지 않는다.	☐	☐	☐
4. 나는 쓰레기는 반드시 분리수거해서 버린다.	☐	☐	☐
5. 나는 거리의 휴지통을 깨끗하게 사용하려고 노력한다.	☐	☐	☐
6. 나는 깨끗한 환경조성을 위해 내집 앞 청소를 열심히 한다.	☐	☐	☐
7. 나는 길거리에 침을 뱉지 않는다.	☐	☐	☐
8. 나는 공중화장실도 우리집 화장실처럼 깨끗이 사용한다.	☐	☐	☐
9. 나는 공공시설의 기물이 고장났을 때 즉시 신고한다.	☐	☐	☐
10. 나는 공중목욕탕을 깨끗이 이용한다.	☐	☐	☐
11. 나는 유원지에서 취사는 지정된 구역에서만 한다.	☐	☐	☐
12. 나는 음식점에서 제공하는 물수건으로 손만 닦는다.	☐	☐	☐
13. 나는 대중교통을 이용할 때 음식물을 먹지 않는다.	☐	☐	☐
14. 나는 버스나 지하철 안에 쓰레기를 버리지 않는다.	☐	☐	☐
15. 나는 공중전화기를 깨끗이 사용한다.	☐	☐	☐
16. 나는 엘리베이터나 건물의 벽에 낙서하지 않는다.	☐	☐	☐
17. 나는 일회용품을 사용하지 않는다.	☐	☐	☐
18. 나는 공공장소에서도 쓰레기 분리수거를 철저하게 한다.	☐	☐	☐
19. 나는 흐르는 계곡 물에 음식찌꺼기나 오물을 버리지 않는다.	☐	☐	☐

20. 나는 음료수병에 쓰레기를 넣어 버리지 않는다.	☐	☐	☐
21, 나는 쓰레기를 버릴만한 곳이 없을 때는 되가져 온다.	☐	☐	☐
22. 나는 세제나 샴푸를 적게 사용한다.	☐	☐	☐
23. 나는 껌을 버릴 때 꼭 휴지에 싸서 버린다.	☐	☐	☐
24. 나는 문화재 등 관광시설을 함부로 훼손하지 않는다.	☐	☐	☐
25. 나는 못쓰는 물품을 재활용하여 사용한다.	☐	☐	☐

총점 계산 방법

______ ×4+	______ ×2+	______ ×0=	______
'항상 그렇다'에 표시한 개수	'가끔 그렇다'에 표시한 개수	'거의 안그렇다'에 표시한 개수	귀하가 받은 총점

평가결과

- 59점 이하 : 문화시민으로서 미흡
- 60~84점 : 보통 수준
- 85점 이상 : 우수한 문화 시민

강의 KEY-WORD

KEY-WORD	내　　용

강의 KEY-POINT SHEET

THEME	KEY-POINT	REMARKS
도 입		
본 론		
결 론		
질의 응답		

제 10 장

좋은 자세 · 멋진 동작

고품격인의 모습

1. 잡동작 금지
2. 언행 일치
3. 긍정적인 태도
4. 무언의 영향력 발휘
5. 영원히 기억되는 느낌

제 10 장
좋은 자세 · 멋진 동작

1. 좋은 자세

(1) 서는 자세

1) 여성

- 발을 V자 모양으로 하여 오른발을 약간 뒤로 뺀다.
- 무릎은 힘을 주어 붙인다.
- 엉덩이는 힘을 주어 앞으로 내밀지 않도록 한다.
- 등줄기를 곧게 편다.
- 가슴은 쭉 편다.
- 어깨는 힘을 빼어 내린다.
- 턱은 당긴다.
- 팔을 가볍게 굽혀서 오른손을 위로 하여 왼손과 가볍게 포개어준다.
- 미소지을 때는 입꼬리를 윗쪽으로 향하여 윗니가 보이도록 한다.
- 시선은 정면을 향하도록 한다.
- 전체적으로 천정에서 당기는 듯한 느낌이 들도록 한다.

2) 남성

- 발끝을 V자 모양으로 조금 벌린다.
- 양손은 계란을 잡듯이 자연스럽게 쥐고 바지 재봉선에 붙인다.

(2) 앉는 자세

1) 기본 자세

① 여성

- 상반신 자세는 서 있는 자세와 동일하다.
- 등줄기를 펴고 힙의 반만 걸터앉는다.
- 손은 허리와 무릎 중간에 가지런히 둔다.
- 무릎은 붙이고 뒷굽을 무릎보다 앞으로 내놓지 않는다.

일어설 때 자세

- 양발을 가볍게 끌어당기며 재빨리 일어선다.
- '네'라는 대답은 한 옥타브 올려서 한다.

② 남성

- 상체를 펴고 깊게 앉되, 등받이에 기대지 않는다.
- 손은 엄지손가락이 들어가도록 가볍게 주먹 쥐어서 허리와 무릎 위에 놓는다.
- 양발은 주먹하나 들어갈 정도로 벌리고, 뒷굽을 무릎보다 앞으로 내놓지 않는다.

〈의자에 앉을 때 남녀의 자세〉

- 시선은 상대를 바라보며
- 다리를 꼬거나 무릎을 떤다거나 팔짱을 끼는 등의 태도는 삼가

2) 의상에 따른 동작

① 여성의 정장

- 엉덩이를 의자 깊숙이 집어넣도록 하고 등을 반듯하게 해서 앉는다.
- 무릎 안쪽을 꼭 붙이고 다리를 가지런히 하고 발끝도 나란히 붙인다.
- 편히 앉을 경우 다리와 발끝을 붙여 한쪽 옆으로 비스듬히 놓는다.
- 발바닥은 밑바닥에 밀착시키고 발끝은 앞쪽으로 향하도록 한다.
- 두손은 가지런하게 공수하여 무릎 위에 내려놓는다.

② 여성의 반바지, 미니스커트

- 기본자세는 같고 두 손은 공수한 채 치마 끝부분을 눌러 준다.
- 다리를 꼬고 앉을 경우 한쪽 다리를 비스듬히 놓은 다음 다른 한쪽 다리를 얹어 꼬고 두 다리는 붙인다.

③ 바지

- 기본자세는 같고 다리는 붙인다.
- 남자는 다리를 어깨 넓이 정도로 벌리고 앉으며, 양손은 양 무릎 위에 각각 주먹을 살짝 쥐어 올려놓는다. (상황에 따라 공수하고 무릎 위에)

(3) 일어설 때

- 여자는 한쪽 발을 반보 정도 앞으로 딛고 일어서면서 양발을 가지런히 모은다.
- 남자는 바로 일어선다.

2. 멋진 동작

(1) 걸을 때

1) 실내

- 키보다 3배 앞을 보며
- 밝은 표정으로

• 소리내지 않고
• 사선걸음으로

2) 실외
• 상대방의 눈보다 15도 위를 보며
• 양손은 바지를 스치고
• 남자는 직선 옆을 밟는 기분으로
• 여자는 일직선 밟는 기분으로

3) 계단
• 사선걸음으로
• 발끝 발바닥으로 밟으며
• 다소곳하게

4) 상황별
• T. P. O(시간, 장소, 상황)에 알맞게

(2) 방향전환

• 왼쪽으로 방향 전환할 때는 왼발을 먼저 움직인다.
• 오른쪽으로 방향 전환할 때는 오른발을 먼저 움직인다.
• 뒤로 방향 전환은 우로, 방향전환을 두 번 반복
• 뒤돌아갈 때는 두세 걸음 뒤로 이동한 후 등이 고객 또는 상급자에게 보이지 않게 돌아서 간다.

(3) 고객 앞을 지날 때

- 가벼운 인사를 하면서 조용히 민첩하게 지나간다.
- 서로 몸이 닿지 않도록 사선 걸음으로 지나간다.

(4) 뒤돌아 가는 자세

- 두세 걸음 뒷걸음하면서
- 등이 상급자에게 보이지 않도록
- 연속동작으로

(5) 물건을 주고받을 때

- 두 손으로
- 가슴 높이에서
- 받는 쪽이 편하도록 건넨다.
- 바닥에 앉아 있는 사람에게는 앉아서, 선 사람이나 의자에 앉아 있는 사람은 서서 전달한다.

3. 고객응대 예절

(1) 고객응대의 중요성

직장에서의 고객접대는 회사를 대표하는 자격으로 친절하고 세련된 매너로 회사의 이미지를 심도록 노력한다.

고객요구를 미리 알아서 해결하는 것이 진정한 의미의 '고객응대'이다.

(2) 감동을 주는 고객응대

1) 고객응대의 기본

- 밝은 표정으로 일어서서 인사하고
- 정감 어린 눈빛으로 상대를 바라보며
- 밝고 환한 미소를 띠고
- 고객이 기다리지 않게 신속히 업무처리

2) 고객소개

- 지위가 높은 사람에게 낮은 사람을, 나이가 많은 사람에게 적은 사람을 소개
- 남성과 여성 사이에서는 남성을 여성에게 먼저 소개
- 자신과 친한 사람을 새로운 사람에게 소개

3) 방향안내

- 손가락을 모아 손바닥 전체를 펴서 방향지시
- 손등이 보이거나 손목이 굽지 않도록
- 팔꿈치의 각도로 거리감을 나타냄
- 시선은 상대의 눈 → 가리키는 방향 → 상대의 눈
- 표정은 밝게

- 방향지시가 어려운 곳은 직접 안내를 한다.

- 고객감동 응대를 위한 5S 자세의 생활화
  - 일어선다 (Stand up)
  - 상대의 눈을 바라본다 (See)
  - 미소를 띤다 (Smile)
  - 민첩하게 행동한다 (Speed)
  - 상황에 알맞는 스킨십을 한다 (Skinship)

〈방향 지시〉

(3) 고객 안내 매너

- 손님이 중앙으로 걸을 수 있도록 배려
- 안내자가 상급자보다 두세 걸음 앞에서
- 수시로 돌아보며 안내
- 수행할 때는 상급자보다 두세 걸음 뒤에서

• 계단을 이용해서 안내할 경우는 안내자가 여성이라도 앞서서 안내

1) 출입문을 통과할 때

• 인기척을 낸다. (노크는 1초에 한번씩 2~3회).
• 문을 열고 닫을 때는 손만을 사용
(발로 밀거나 몸으로 밀지 말것)
• 두 손에 물건을 들고 있을 때는 물건을 내려놓은 다음 문을 연다.
• 문턱을 밟고 서거나 밟고 넘지 않도록
• 가능한 방안의 사람에게 자신의 뒷모습을 보이지 않는다.
• 문을 열고 닫을 때는 소리가 나지 않도록 하고 걸을 때 발소리를 내지 않는다.
• 문은 필요 이상 활짝 열지 말고, 열어 놓은 채 일을 보지 않는다.

2) 엘리베이터에서

• 안내하는 사람이 있을 때는 상급자가 먼저 타고 먼저 내린다.
• 안내하는 사람이 없을 때는 하급자가 먼저 타서 엘리베이터를 조작하고, 상급자는 뒤에 타고 먼저 내린다.
• 엘리베이터 안에서는 소란스럽게 잡담을 하거나 상대를 응시하거나 담배를 피우지 않는다.
• 엘리베이터 안에 여성이 타고 있을 경우에 남성은 모자를

벗는다.

• 시선은 층 표지판이나 그 외의 부착물을 향하도록

자세 동작 POINT

• 자세와 동작은 마음의 표현
  - 자신을 아름답게 보이게 한다.
  - 호감과 신뢰감을 준다.
• 자세 동작 POINT!
  - 등줄기를 곧게 편다.
  - 손가락은 가지런히 한다.
  - 동작은 하나하나 끊어 연결한다.
  - 시작보다 마무리 동작을 천천히 한다.
  - EYE CONTACT

삼가 해야 할 동작

• 한쪽에 중심을 두고 서 있거나 선자세로 흔들흔들한다.
• 의자에 비스듬히 앉는다.
• 책상의자에 다리를 꼬고 앉아 신발은 반만 걸치고 흔든다.
• 양손을 주머니에 넣은 채 걷는다.
• 책상이나 서류함에 걸터 앉아 대화한다.
• 방향을 지시할 때 상대를 보지 않고 손으로만 지시한다.

강의 KEY-WORD

KEY-WORD	내　　용

강의 KEY-POINT SHEET

THEME	KEY-POINT	REMARKS
도　　입		
본　　론		
결　　론		
질의 응답		

제 11 장

국제 매너 · 에티켓

에티켓 개념(서양)

1. 호감을 주는 것
2. 존경하는 것
3. 폐 끼치지 않는 것
4. 실수를 감싸주는 것
5. 당혹하게 하지 않는 것

제 11 장
국제 매너 · 에티켓

1. 세련된 매너와 에티켓

(1) 에티켓이란?

불어에서 유래되었으며 Savoir Faire란 말과 함께 쓰인다. 이는 '훌륭한 태도' '훌륭한 혈통' '세계에 대한 지식' 등을 말하며 세계화 시대의 기본이다.

외국인을 접대할 때는 그 나라에 대한 의전 · 풍습 · 에티켓 · 매너 등을 먼저 알아 두는 것이 상담보다 중요할 때가 많다. 이를 위해서는 그들이 마치 자기 집에서 머무는 것같이 편안하게 느낄 수 있도록 해주는 이해심과 상대를 헤아리는 마음이 필요하다. 서양에서의 에티켓이란 상대를 인정하고 상대에게 폐를 끼치지 않으며 상대를 존중하는 것이다. 또한 남의 나쁜 태도에 대하여는 일체 언급하지 않으며 남을 당황하게 하는 어떠한 일도 하지 않는 것이다.

세련된 매너와 에티켓은 지구촌의 일원으로서 함께 더불어 살아가는 우리 생활에 감미로움과 매력을 주며 풍요로운 보상을 안겨 준다.

에티켓은 프랑스 베르사유 궁전 화원에 세워진
'출입금지' 입간판에서 유래되었다.
ESTIQUIER → ESTIQUETTE → ETIQUETTE

(2) 국제 비즈니스 에티켓

1) 언쟁은 피한다.

- 부드러운 대답은 분노를 물리친다.
- 고객이 논쟁을 하려들면 냉정을 유지하여 잘들은 다음 부드럽게 질문하도록 한다.
- 합리적인 의논이 논쟁으로 악화되지 않도록 노력한다.
- 정치적, 개인적인 일 또는 가치관에 관여하지 않는다.

2) 고객이 무엇을 생각하고 있는지 예측한다.

- 질문을 잘하는 것은 고객 접대뿐 아니라 모든 사업상의 측면에서 볼 때도 귀중한 기술이다.
- 잘 듣는 것도 고객에 대한 관심을 보이는 것이다.
- 사실을 추적하고 숨겨진 진의를 찾아낸다.
- 고객의 모국이나 개인 의견을 비난하는 것은 삼가
- 상대를 가르치려고 하는 것은 금물

3) 자신의 체험을 이용한다.

- 일반론을 피한다. 자신의 체험을 예로 들거나 서로 다같이

존경 할만한 제3자를 예로 든다.

- 고객의 질문에 적절히 답변하고 모르는 상황은 다시 물어 확인한다.
- 개인적인 체험은 어떤 논쟁에서도 가장 훌륭한 증언이 된다.

4) 합리적이어야 한다.

- 상담때 제2외국어를 사용하게 될 경우 의도보다 강하고 거칠게 표현될 수 있다.
- 타문화권의 사람은 미사여구에 더욱 감동한다. 공손함에는 지나침이 없기 때문이다. 이의를 표현할 때도 되도록 상냥하게 표현한다.
- 대화에는 6가지 질문을 응용하는 것이 좋다.

(누가, 무엇을, 언제, 어디서, 어떻게, 왜)

- Who : 여행중 누구와 동행합니까?
- What : 모국의 날씨는 이곳에 비해 어떻습니까?
- When : 언제 떠나십니까?
- Where : 한국의 다른 곳을 방문한 적이 있습니까?
- How : 얼마 동안이나 집을 떠나 계셨습니까?
  비행기 여행은 어땠습니까?
- Why : 이곳에 오신 것은 사업 때문입니까, 아니면 관광 때문입니까?

이렇게 질문과 대답을 반복한다. 질문은 고객의 말을 경청하고 있다는 느낌을 주면서 고객이 중심이라는 것을 믿게 해준다.

(3) 세련된 선물 매너와 에티켓

1) 일본인에게 선물할 때 '4'는 피한다.
   - 선물할 때 흰 종이로 포장하지 않는다.
   - 흰 꽃(사망 상징)이나 칼(자살 상징)은 선물하지 않는다.
2) 중국인에게는 괘종시계를 선물하지 않는다.
3) 홍콩 사람에게는 두 가지 선물을 한다(행운을 가져온다고 믿기 때문에)
4) 중동에서는 손수건을 선물하는 것은 이별을 의미하므로 피한다.
5) 라틴 아메리카인에게는 칼을 선물하지 않는다.
   - 상담은 바로 시작하지 않는다.
6) 멕시코와 브라질에서 자줏빛 꽃은 사망을 의미한다.
   - 브라질인에게 'OK'라는 제스처를 취하지 않는다.
7) 유럽에서는 흰 국화는 사망을 상징한다.
   - 유럽에서 짝수의 꽃은 불행을 가져온다고 생각하므로 홀수로 하되 13송이는 피한다.
8) 독일인에게 빨간 장미는 구애를 뜻한다.
   - 꽃을 선물할 때 포장하지 않는다.
   - 꽃을 짝수로 선물하지 않는다.
9) 중동 사람에게 몸을 일부라도 노출시킨 여인의 사진 또는 애완동물 사진은 선물로 적합하지 않다.

10) 말레이시아인에게 탁상시계를 선물하지 않는다.

11) 프랑스인에게 카네이션을 선물하지 않는다.

12) 하와이에서는 화장실 사용할 때 출입구 밖에서 기다려야 한다.(문 앞 또는 바로 뒤에서 기다리는 것은 새치기).

13) 사우디아라비아에서 라마단 기간(이슬람력 9월)중 흡연하면 처벌 받는다.

14) 일본인이나 대만인의 등 뒤에서 손뼉을 치지 않는다.

15) 영국인에게 "생계를 위하여 무엇을 하십니까?"라고 묻지 않는다.

16) 러시아(모스크바) 레스토랑에서는 수주일, 수개월 전에 예약해야 하며, 특히 시간과 금전 약속을 못 지키면 신용 상실

17) 서구사회에서는 예약 문화를 못지키면 생활 자체가 불가능하다.
(병원에도 사전 예약이 최우선, 몸이 아프면 예약부터)

18) 서구 예절의 기본은 레이디 퍼스트(Lady First) 관념에 바탕을 두고 있다.
(다른 에티켓이 뛰어나도 여성에 대한 배려를 못하면 진정한 신사가 아님)

(4) 사업상 에티켓의 역할

- 에티켓은 우리의 생활을 평화롭고 생산적인 것으로 만드는 역할을 한다.
- 상이한 문화적 요구에 따라야 하는 외국 여행시에는 융통성

과 적응력이 필요하다.

- '의전'이란 단어는 '접착제'라는 그리스어에서 유래되었다. 실제로 의전은 우리 사회의 공식적인 생활에 접착제가 되고 있다. 지방, 국가, 국제간의 의전은 조직이나 정부의 공인 간의 행동에 최소한의 마찰과 최대한의 효과를 높이는 필수 요건이 되고 있다.
- 경쟁이 치열한 국제적인 비즈니스에서는 모든 문화권에 대한 적절한 대응과 이해심이 제품의 품질, 가격 못지 않게 중요하다.
- 미국 위스콘신 주에 있는 JOHNSON WAX CO는 고객 접대를 위하여 'The Council House라는 시설을 갖추고 매년 수백명의 외국인을 전문적으로 접대하고 있다고 한다.
- 무한 경쟁의 세계화, 개방화 시대에 에티켓의 역할은 비즈니스를 성공시키는 윤활유가 된다.

2. 국제 에티켓의 기본

(1) 복장매너 · 에티켓

- 모닝코트 : 낮의 정식예복 (Morning Coat, Cutaway)
- 색 코트 : 낮의 약식예복 (Sack Coat)
- 연미복 : 밤의 정식예복 (Tail Coat)
- 턱시도 : 밤의 약식예복 (Tuxedo, Smoking Jacket)

※ 초대장에 복장표시 : White tie(연미복), Black tie(턱시도),

Morning Coat(모닝코트)

1) 모닝코트 (Morning Coat)

- 국가원수나 고위공직자가 개최하는 공식 오전행사, 정식오찬이나 간단한 미팅, 공식야유회, 교회 내에서의 의식, 경마 등 오전의 행사에 착용하는 정식예복
- 현재 주로 오전 결혼식 또는 장례식 등에 입는다.
- 장례식 : 검정타이, 검정장갑

2) 색 코트 (Sack Coat)

- 낮의 약식예복 (모닝코트와 평상복의 중간복장)
- 오늘날 검정색 계통의 정장으로 대체
- 외교관계의 특수한 신분의 사람들이 공적인 방문, 회의, 오찬, 다과회 등 오전의 행사에 착용하는 옷차림이다.

3) 연미복 (Tail Coat)

- 야간의 정장예복 : 공식만찬회, 무도회, 공식야간 리셉션, 오페라, 음악회, 야간결혼식
- 백색타이, 백색조끼, 백색장갑

4) 턱시도 (Tuxedo, Smoking Jacket)

- 오후 6시 이후에 입는 정장 (After Six)
- 각종파티, 극장 또는 콘서트, 호텔, 클럽, 유람선에서의 만찬 (배위에서 연미복은 입지 않음)

• 외국인과 교제시
• 검정조끼, 검정 나비타이

(2) 방문 매너 에티켓

• 3시 이후 저녁 식사전 4~6시가 적당하다
• 방문 시간은 도착후 15분

1) 방문 에티켓

• 현 관 : 본인이름 알림
• 대기실 : 남성은 모자나 레인코트를 벗는다.
• 주인과 만났을 때 : 모자, 외투는 가정부에게 맡긴다.
  - 여성의 장갑 : 방에 들어가서 벗음
  - 소파 : 입구에서 가까운 곳이 말석
• 대 화 : 15~20분
• 답 방 : 방문 받을 때 꼭 답방을 한다.
• 별장초대 : 가정부와 악수하지 않음. 팁은 떠나기 전에 주인이 보지 않게
• 반드시 방문해야 할 곳
  - 사교 : 티파티, 리셉션
  - 일반관례(연하, 결혼, 출산, 사망, 문병, 작별) 의례적 방문
  - 친근한 사이

2) 만찬장 좌석배치 및 파트너 관계

- 상석과 말석
  - 벽난로가 있는 경우에는 그쪽이 상석이며 입구 부분이 말석이다.
  - 벽난로가 없는 경우에는 입구 쪽이 말석이며 그 반대쪽이 상석이 된다.
  - 입구의 반대쪽이 상석으로 적합하지 않은 방에서는 정원을 바라보는 쪽이 상석이고 등진 쪽이 말석이 된다.
- 호스트와 호스테스의 좌석
  - 부부동반의 연회인 경우에는 식탁의 중심부에 벽난로를 뒤로 하여 호스테스가 앉고 그 앞쪽에 호스트가 앉는 것이 원칙이다. 남자들만의 연회인 경우에는 호스트의 자리가 주빈의 자리가 된다.

① 유럽식

- 호스테스의 오른쪽을 제1서열의 남성손님의 좌석으로, 왼쪽을 제2서열의 남성손님의 좌석으로 한다.
- 호스트의 오른쪽을 제1서열의 여성손님의 좌석으로, 왼쪽을 제2서열의 여성손님의 좌석으로 한다.
- 제1서열의 남성손님의 오른쪽을 제3서열의 여성손님의 좌석으로, 제2서열의 남성손님의 왼쪽을 제4서열의 여성손님의 좌석으로 한다.
- 제1서열의 여성손님의 오른쪽을 제3서열의 남성손님의 좌석으로 제2서열의 여성손님의 왼쪽을 제4서열의 남성손님

의 좌석으로 한다.

- 이상과 같은 순서로 좌우 교대로 남·녀손님의 자리를 정해간다.

■ :남자　○ :여자

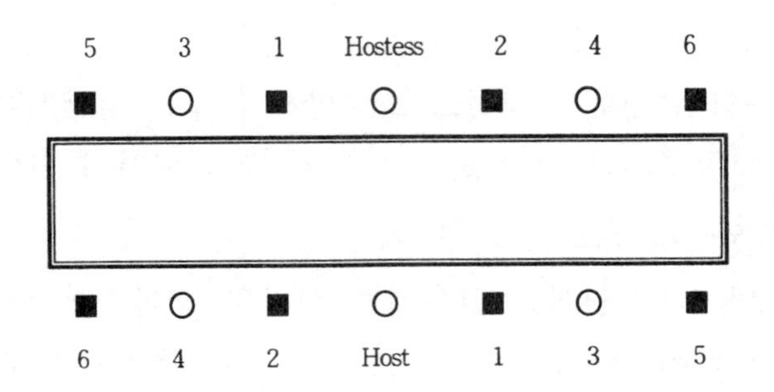

② 영미식

- 호스테스, 호스트의 좌석을 식탁의 양쪽 끝으로 한다. 상석에는 주로 호스테스가 앉는다.
- 호스테스의 오른쪽과 왼쪽에 각각 제1, 제2서열의 남성손님이 앉는다.
- 호스트의 오른쪽과 왼쪽에 각각 제1, 제2서열의 여성손님이 앉는다.
- 이상과 같은 순서로 남녀손님은 식탁의 중앙을 향해 서열에 따라 남녀 교대로 앉는다.

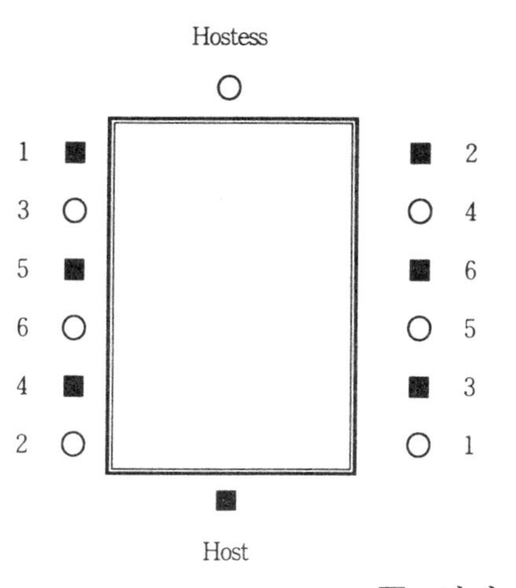

※ 좌석 배치시 주의사항

- 부부가 나란히 앉는 것은 반드시 피한다. 부인의 경우는 그 남편의 서열을 따른다고 하는 원칙대로 되지 않는 경우가 생겨, 부인의 서열이 처지게 될 수도 있지만, 이는 에티켓을 아는 고객이라면 바로 양해를 얻을 수 있는 사항이다.
- 부부가 정면으로 바라보고 앉는 것은 되도록 피한다. 그러나 서열대로 좌석을 배치하다 보면 어쩔 수 없이 정면에 앉게 되는 경우도 있다.
- 식탁의 양끝에는 가능한 기혼여성은 피하고 남성이 앉도록 한다. 따라서 남성손님을 여성손님보다 많이 초대하는 것도 이러한 경우 문제를 해결할 수 있는 요령의 하나가 될 것이다.
- 기혼자가 미혼자보다 우선하는 것이 원칙이므로 미혼여성은 기혼여성보다 말석에 앉는다. 그러나 주최자의 딸이 호스테

스를 대신 할 때에는 호스테스로서의 서열에 따른다.

• 마지막으로 공식서열과 관례서열을 충분히 감안한 후에 좌석을 신중하게 배치한다.
• 주인측이 2명 이상인 연회에서의 좌석배치는 영미식에 유럽식을 가미한 방식, 즉 테이블 양단과 테이블 중앙을 주최측의 자리로 정하고 이들을 중심으로 좌석을 배치한다.

(3) 무도회의 매너 에티켓

1) 남 성

① 담배 삼가
② 가로질러 통행금지
③ 호스테스와 한번 춤을 춘다.
④ 춤추기 전 식사가 있었을 경우 : 호스테스 주변의 부인, 식탁의 좌우 여성들과 각각 춤
⑤ 부부동반의 경우 : 아내와 제일 먼저 춤을 춘다.
⑥ 소개받은 여성과도 춤
⑦ 휴식을 취하는 여성에게 춤을 권하지 않음
⑧ 한 여성과 계속 춤추지 않음
⑨ 춤추고 있는 도중에 신청하지 않음
⑩ 춤춘 후 Thank you 라고 인사
⑪ 남자끼리의 춤은 금물
⑫ 야식을 먹으러 갈 때 함께 춤을 끝낸 여성을 안내한다.
⑬ 함께 춤을 춘 여성의 집까지 바래다 줌

2) 여 성

① 신청을 거절하고 곧바로 다른 신청 수락 금지
② 신청에 대해 응하고 거절은 신중히
③ 같은 남성과 계속 춤을 추는 것을 삼가
④ 여성이 먼저 남성에게 춤을 신청하는 것을 금지
⑤ 여성이 남성에게 야식 먹으러 가자고 권함을 금지
⑥ 여성끼리 춤을 추는 것을 금지

(4) 모자 매너 에티켓

1) 여 성

① 교회에서는 모자를 쓴다.
② 만찬에서는 모자를 벗는다.
③ 오찬에서는 모자를 써도 무방, 단 호스테스의 경우 쓰지 않는다.

2) 남 성 (모자를 벗을 때)

① 길거리에서 아는 사람 만났을 때
② 실외에서 소개를 받았을 때
③ 작별인사를 할 때
④ 인사를 받았을 때
⑤ 선배나 목사를 만났을 때
⑥ 여성을 동반한 친구를 만났을 때
⑦ 동행한 사람이 아는 여성과 인사할 때

⑧ 아파트나 호텔의 엘리베이터에서 여성과 동승하게 되었을 때

3. 공항에서의 매너 · 에티켓

(1) 출국 수속

- 항공권 제시
- 탑승권 받음
- 수화물 계량
- 특정물품의 세관신고
- 출국신고
- 탑승대기
- 탑승

(2) 입국 수속

- 입국 사열
- 탁송 수화물 회수
- 세관검사

4. 항공기내 매너 · 에티켓

(1) 안전 점검

• 지정좌석에서 안전벨트 착용(표시등 점등시)
• 기내의 화장실 위치를 알아 두고 사용할 때 안에서 잠금 (남녀 구분이 없으며, 잠그지 않으면 비어 있다는 표시등 켜짐)
• 기내 면세품(주류, 담배 등)은 꼭 필요한 것만 구입
• 기내에 가져간 가벼운 수화물은 머리 위 선반에 넣고 무거운 것은 발 앞에 놓음(안전을 위해)
• 구명복 착용에 대한 안내 방송을 경청
• 기내 좌석에는 1등석(First Class)과 2등석(Economy Class)이 있고, 그 사이에 우대석(Prestige/ Executive Class)이 있다.
• 기내에서 음료, 식사, 잡지 등의 서비스를 제공받으면 감사의 인사를 전한다.
• 스튜어디스에게도 에티켓을 지켜야 하며, 팁이 없는 것이 세계적 관습이다.
• 기내에서는 기압 변화로 만년필의 잉크가 새어 나오므로 주의한다.

(2) 기내에서 유의사항

• 좌석 배치 순서는 앞에서 뒤로는 번호순, 옆으로는 알파벳순 (예 : 1A, 16C 등)
• 좌석 벨트 착용 : 표시등(FASTEN SEAT BELT)
- 착용(TO FASTEN)
- 조임(TO TIGHT)
- 푼다(TO UNFASTEN)

- 금연 표시등(NO SMOKING SIGN)
  - 이착륙
  - 금연 구역
  - 화장실 내(NO SMOKING IN LAVATORY)
- 수화물 보관(BAGGAGE)
  - 가벼운 것은 머리 위 선반(HEAD BIN)
  - 무거운 것을 선반에 무리하게 올려 놓지 않도록(안전)
  - 무거운 수화물은 '발 앞 의자 밑'
- 충격 방지 자세(EMERGENCY POSITION)
  - 안전벨트 착용 확인
  - 여성이나 어린이는 발목을 잡고 구부림
  - 남자는 양팔을 X자로 앞 의자에 밀착 자세
- 구명복 착용(LIFE VEST)
  - 의자 밑에 보관
  - 머리 위로 해서 입고
  - 허리 부분의 끈 조임
  - 손잡이 아래로 잡아당김
  - 팽창이 덜 되었을 때는 빨간 고무관으로 공기를 불어 넣음
  - 물 속에서는 벨트 앞쪽 노란 끈을 당기면 비상등 켜짐
- 화장실(LAVATORY)
  - 비어 있음(VACANT)
  - 화장실 내 금연(NO SMOKING IN LAVATORY)
- 용무가 있으면 스튜어디스에게 문의

5. 호텔 매너

(1) 예약, 투숙

1) 예약

- 성명, 성별, 도착일시 및 비행기편, 출발예정 일시 및 비행기편, 연락처, 지불방법을 알려준다.

2) 등록카드 작성

- 한 사람씩 작성
- 가족 동반시 함께 작성
- Express Check - in(단골고객) : 바로 객실로 안내

(2) 객실이동

1) 열쇠

- 외출시 프런트(또는 카드 판독기)에 보관
- 출입시 소지

2) 욕실

- 샤워 커튼 끝이 욕조 안으로
- 찬물 먼저, 더운물 온도 맞춤
- 3종류 타월(비누칠, 얼굴 · 손 닦고, 물기 닦음)

3) TV · 전화

- 일반 채널, 자체 채널
- 모닝콜 : 아침에 원하는 시간에 깨도록 교환에게 부탁

4) 룸 서비스와 미니바

- 룸 서비스 : 레스토랑보다 10~15% 비싸다.
- 행거 매뉴 : 문 밖의 고리에 걸어두어 지정된 시간에 주문식사
- 냉장고 미니 바 : 음료, 주류, 안주
- 이용시 계산서에 직접 표시 체크 아웃할 때 계산

5) 객실 메이크업 서비스와 DD카드

- 메이크업 (청소 서비스) : 외출시 룸메이드가
  - 오픈 베드 : 취침 편하도록 침구 한쪽 모서리를 단정하게 접어놓음
  - DD (Do not disturb)카드 : 객실 노크, 청소 등 출입 및 방해하지 않음

6) 세탁물

- 객실내 비치된 안내 책자 참고

(3) 콘시어지 서비스(Concierge :문지기)

- 안내인을 의미

- GRO(Guest Relation Office): 대고객 서비스부
- 당직 지배인 : 문제 발생, 도움 필요시 안내인

(4) 비즈니스 서비스

- 사무보조 : 타이핑, 워드작업, 통역, 복사
- 메신저 서비스 : 우편, 텔렉스, 팩시밀리
- 비즈니스 정보제공, 예약
- OA기기 대여

(5) 피트니스 시설(Fitness)

- 체련장, 사우나, 수영장, 미용실

(6) 팁

- 18세기(영국) 술집 : 「신속하고 훌륭한 서비스를 위해 지불은 충분하게」라는 문구에서 유래
- To Insure Promptness(TIP) :「신속하게 하기 위하여」의 의미

신속한 서비스의 대가

- 룸 메이드 : 1달러(베개 위)
- 룸 서비스 : 계산서의 15%(식사 가져왔을 때)

- 도어맨 : 1달러(파킹시 키주고 받을 때)
- 벨맨 : 50센트~1달러(안내, 짐운반, 심부름)
- 프런트 직원 : 5달러(특별 서비스 제공시)
- 식당 웨이터 : 식사 비용의 10%(테이블에서 계산시, 계산서 사인후 전달시 또는 테이블 위에)
- 소믈리에 : 술 값의 15%
- 캡틴 : 2~5달러(배웅시 악수)
- 클로크룸 : 25~50센트(짐을 찾을 때)

6. 테이블 매너

(1) 한 식

① 출입문에서 떨어진 안쪽 중앙이 상석이다.
② 밥상에 몸을 굽히지 말고 단정한 자세를 유지한다.
③ 손위 사람이 먼저 수저를 든 뒤 아랫 사람이 수저를 든다.
④ 국물마시는 소리, 음식 씹는 소리, 수저 부딪치는 소리를 내면 안된다.
⑤ 수저를 빨지 말며, 수저와 젓가락을 한꺼번에 쥐면 안된다.
⑥ 덜어 먹는 접시가 있으면 적당한 양을 덜어 먹는다.
⑦ 밥은 한쪽부터 먹어 들어가고 국물은 그릇채로 마셔서는 안된다.
⑧ 돌이나 나쁜 음식을 씹었을 때는 남의 눈에 띄지 않게 처리한다.

⑨ 식사도중 자리를 뜨지 않는다.

⑩ 식사는 같이 끝날 수 있도록 속도를 조절하고 만약 먼저 끝나면 수저를 상위에 놓지 말고 밥그릇 또는 국그릇 위에 놓았다가 상대방이 끝나거든 내려 놓는다.

⑪ 윗 사람이 일어서면 뒤따라 일어선다.

(2) 양 식

1) 식탁에서의 바른자세

① 웨이터가 제일 먼저 빼어주는 의자가 최상석
(손님중 제일 중요한 분을 먼저 생각)

② 여성이 자리에 먼저 앉도록

③ 식탁과 가슴은 주먹사이 간격 (바른 자세)

④ 한 손님이 차지하는 폭 : 65~75 cm

⑤ 팔꿈치는 가볍게 몸에 붙임 (팔짱끼지 않도록)

⑥ 다리는 가지런히 모으고 의자에 약간 깊숙히 앉는다.
(다리를 꼬거나 뻗치거나 흔들지 말 것)

⑦ 식탁에서 주의사항

- 나이프나 포크로 물건 가리키지 말것
- 메뉴는 천천히 보도록
- 초대되었을 때 가장 비싸거나 가장 싼것은 주문하지 않는다.
- 식기는 손님이 옮겨 놓지 않는다.

⑧ 대화

- 멀리있는 사람과의 대화는 주의

- 화제는 날씨, 여행, 스포츠, 시사, 문화, 뉴스, 음악 등 가벼운 얘기(나이나 건강, 의견이 대립될 수 있는 종교, 정치, 금전 문제 피함)

⑨ 가방

- 손가방 위치는 등과 의자사이(손가방을 들지 않은 여자는 알몸과 같다)

⑩ 손의 위치

- 식사중에는 큰 접시를 사이에 두고 식탁 위에 가볍게 얹어 놓는다.
- 식사후에는 무릎 위에 얌전히 얹는다.
  (나이프나 포크를 만지작거리지 않는다)

⑪ 이쑤시개와 화장

- 이쑤시개는 테이블에 앉아서 쓰지 않는 것이 예의
  (화장실에 가서 사용)
- 식탁에서 립스틱, 콤펙트 등 화장을 삼가한다.

⑫ 냅킨 사용법

- 손님 모두가 자리에 앉은 다음 한 두마디 나누다가 천천히 자연스럽게 편다. (식사전 건배하는 경우 건배가 끝날 때까지 펴지 않음)
- 냅킨은 두 겹으로 접힌 상태에서 접힌 쪽이 자기 앞으로 오게 무릎 위에 놓음. (목에 끼는 것은 어린이만 허용)
- 냅킨은 입과 핑거 볼(Finger Bowl)을 사용한 손가락에만 사용(나머지 경우는 자신의 손수건이나 종이 냅킨 사용)
- 냅킨으로 나이프, 포크, 접시 등을 닦거나 수건처럼 얼굴,

목, 손을 닦는 것은 삼가
- 물을 엎질러도 냅킨으로 닦지 말고 웨이터에게 부탁
- 다른 사람 실수는 못본척하는 것이 예의

⑬ 식사중 자리를 뜰 때
- 중간에 자리를 뜨지 않는 것이 원칙(들어가기 전에 볼일 볼 것)
- 불가피하게 자리를 뜰 경우엔 잠깐 실례한다고 옆사람에게 인사
- 냅킨을 의자 위에 놓고 나가도록(냅킨을 테이블 위에 얹어 놓으면 식사 끝났다는 신호)
- 식사 끝난후 냅킨을 자연스레 접어 식탁 왼쪽이나 앞에 놓는다.

2) 나이프와 포크 사용

① 사용법
- 왼쪽에 포크, 오른쪽에 나이프 (각각 3개 이내)
- 밖에 놓인 것부터 안쪽으로 들어가며 하나씩 사용
- 나이프는 오른손으로 사용 (왼손잡이도 오른손으로)
- 스테이크를 먹을 때는 포크 왼손, 나이프 오른손으로
- 입에 들어갈 만한 크기로 자른 뒤 나이프는 접시에 걸쳐 두고 포크를 오른손에 바꿔 들고 먹어도 무방
- 포크로 일단 찍은 것은 한 입에 먹음

② 식사중일 때
- 접시 중앙 또는 테두리 쪽으로 나이프와 포크가 서로 여덟

팔자형이 되도록 올려 놓거나 걸쳐 놓는다.

- 나이프는 칼날이 안쪽으로 향하도록

③ 식사가 끝났을 때

- 나이프는 뒤쪽에, 포크는 자기 앞쪽에 오도록 가지런히 모아서 접시 중앙의 오른쪽으로 비스듬히 놓는다.
- 나이프 날이 자기를 향하도록 포크는 등이 밑으로 가도록
- 웨이터는 식사가 끝났는가를 나이프와 포크 상태를 보고 분간

④ 떨어뜨렸을 때

- 포크나 나이프를 떨어뜨렸을 때는 줍지 말고 웨이터에게 새것으로 요구
- 웨이터가 없는 일반 가정에 초대되었을 때는 직접 줍고 새것으로 요구
- 식사중 음식을 식탁 위에 떨어뜨렸을 때는 슬며시 포크로 주워서 접시 한구석에 놓음 (먹지 말것)

• 나이프만 놓을 때

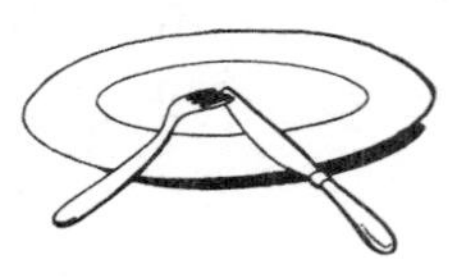

• 식사중일 때

• 식사가 끝났을 때

〈나이프와 포크 놓는 법〉

3) 기본적인 테이블 매너

① 음식 먹을 때

- 소리내지 않는다.
- 음식을 입에 넣은 채 이야기 하지 않는다.
- 묻는 말의 답변은 입 안의 음식을 다 먹고 "Excuse me"라고 한 후 대답
- 와인이나 물은 먹을 것을 입속에 넣은 채 마시지 말 것 (물은 오른쪽에 놓인 것을 마심)
- 생선을 먹을 때 뒤집어서 먹지 않도록

② 빵 먹는법

- 바로 먹거나 스프와 함께 먹지 않는다.
- 빵은 스프 다음에 나오는 요리와 먹기 시작, 디저트 코스에 들어 가기전 끝냄
- 한입에 먹을 만큼 손으로 떼어서 먹는다.
- 토스트는 나이프로 사등분하여 손으로 먹는다.
- 토스트는 아침식사로 먹는 것이지 만찬 때는 먹지 않는다. (만찬시 웨이터에게 주문하지 않도록)
- 버터는 버터 그릇에 담겨 식탁에 나옴
  - 버터 그릇을 자기 앞에 갖다 놓고 버터 나이프로 약간 떠서 일단 자신의 빵접시에 옮긴다.
  - 빵에 버터를 발라먹을 때는 오른손에 버터 나이프를 들고 한 입에 먹을만큼 작게 뗀 빵조각에 바른다.
  - 버터 나이프가 없을 때에는 보통 나이프로 쓰며 반드시 새것을 쓴다.

- 정식 만찬에서는 잼을 찾지 말것

4) 소스와 스테이크

① 소스

• 소스를 치는 요리가 나올때 곧 먹지말고 소스가 나온후 먹기 시작

② 스테이크

• 설익은 것일수록 즙이 많고 맛이 있음
  – rare : 표면은 짙은 갈색, 속은 빨간 날 고기 (생소)
  – medium rare : 고기 가운데가 핑크색과 빨간부분이 섞인 상태(반생소)
  – medium : 고기 가운데가 모두 핑크색 (중소)
  – well-done : 잘 구워진 상태 (완소)
• 큰고기는 우선 가운데를 자르고 왼편의 고기부터 오른쪽으로 한 입에 먹을 만큼씩 잘라서 먹는다.

③ 샐러드와 조미료

• 샐러드
  - 미 국 : 야채 샐러드를 고기먹기 전
  - 유 럽 : 고기 다음 샐러드
• 조미료 옆사람에게 부탁
  (Would you pass me the salt and pepper, please ?)

④ 핑거 볼 (손가락 씻는 그릇)

• 디저트 코스에 들어가기전 디저트 접시에 핑거 볼이 얹혀 나옴(마시는 실수 범하지 않도록)

⑤ 스프먹는 법

- 소리내지 말고 뜨겁다고 불지 않는다.
- 스푼으로 한번에 뜬것은 단번에 먹는다.
- 오른손으로 스푼을 쥐고, 스푼을 앞에서 뒤로 밀면서 스푼 끝 옆쪽으로 입속에 쏟아 넣듯 먹는다.
  - 프랑스식 : 스푼을 자기쪽으로 당기듯이 떠 먹는다.
- 스프는 웨이터가 Serve 하면 곧 먹기시작
- 스프를 다먹고 나면 스푼은 손잡이를 오른쪽으로하여 그릇 속에 놓아둔다.

⑥ 손으로 먹는 경우

- 샌드위치, 올리브 열매, 버찌, 캔디 등 극히 적은 경우
- 새우, 게의 껍질 벗길때 핑거보울에 손가락을 반드시 씻는다.
- 생선의 작은 뼈를 입속에서 꺼낼 때 손가락으로 잡아서 꺼낸 후 포크에 받아서 접시위에 놓는다.

⑦ 술

- 술은 사교의 윤활유
- 3~4잔 정도 (자기 한계 넘지 않도록)
- 술 취해 실수하면 돌이킬수 없는 죄

⑧ 식사시간

- 좌우 손님들과 먹는 보조 맞춤

⑨ 커피

- 커피잔의 손잡이는 오른손의 엄지와 검지로 가볍게 집는다. 권총 방아쇠 당기듯 잡지 않도록
- 받침 접시 들거나, 잔밑에 왼손 받치지 말것

- 커피나 홍차를 티스푼으로 떠서 마시지 않도록
- 커피 마실때 티스푼은 찻잔뒤 접시 위에
- 각 설탕은 일단 티스푼 위에 놓고 티스푼 찻잔속에 넣음 (여러번 젓지 말것)
- 뜨겁다고 불거나 소리내지 말것(숭늉마시듯이 하지 말것)
  -커피는 마지막 코스

⑩ 담배

- 레스토랑 초대시 식사중에 담배를 피우는 것은 예의에 어긋남
- 디저트 먹고 난후 식탁을 떠나 별실로 가서 커피나 식후주를 마시면서 피우도록 한다.
- 일반 가정에서도 디저트 후 홍차나 커피를 마시기 시작할 때(피우기전 옆손님의 사전 양해를 얻어 대답들은 후)

5) 와인에 대한 매너

① 와인 선택 4가지 요점

- 산지
- 포도의 수확년도
- 브랜드
- 요리종류
  - 생선요리 : 백색의 와인
  - 육류요리 : 붉은색의 와인
  - 와인 보관시는 반드시 15도 정도로 뉘여둔다.
  - 와인의 선택은 손님을 초대한 남자가 한다.

② 술을 사양할 때

- 손가락으로 술이 필요하지 않다는 신호
- 웨이터에게 "No, thank you."
  - 건배를 위한 샴페인만은 마시지 못해도 따르도록.

6) 풀 코스 요리의 순서

- 식사전
  - 세리
  - 칵테일
  - 소프트 드링크류
- 전채
  - 생굴
  - 쉬림프(새우)
  - 캐비어(철갑 상어알)
  - 프와그라(기러기 또는 거위의 간) 등
- 스프
  - 포타쥬
  - 콘소메 등
- 백포도주
  - 모젤
  - 샹리브 등
- 생선
  - 살몬(연어)
  - 게

- 갑각류
- 조개류
- 에스카르고(개구리) 등

• 붉은 포도주
- 메득
- 보조레
- 에루머티쥬 등

• 육류
- 스테이크
- 치킨 등

• 디저트
- 아이스크림
- 케이크
- 푸딩
- 과일 등

• 커피
- 디카페 : 상카
- 레귤러 : 보통 커피
- 데미다스 : 블랙커피

• 식후의 술
- 위스키
- 브랜디 등

7) 테이블 서비스의 일반수칙

- 이미 접시에 담겨서 나오는 요리는 손님의 오른쪽에서 서비스 (미국식)
- 음식이 접시(Platter)로 볼 또는 투린(Tureen : 뚜껑 덮는 스프 그릇)에 담아서 서비스 할 때 (주로 떠서 먹는 요리)는 손님의 왼쪽에서 서비스(러시아식)
- 모든 음료는 오른쪽에서 서비스
- 식사후 빈 그릇은 오른쪽에서 치움
- 샐러드나 빵과 버터 그릇은 왼쪽에서 서비스하고 치움
- 드레싱이나 소스 보트는 왼쪽에서 서비스
- 빵을 바구니에 서비스 할 때는 식탁 중앙에
- 핑거 볼은 식탁 왼쪽 위에
- 여자에게 먼저, 연장자에게 먼저 서비스
- 주빈에게 먼저, 주최자에게는 마지막에 서비스
- 디저트는 디저트용 기물과 잔 종류를 제외한 모든 기물을 완전히 치우고 깨끗이 정돈한 후 서비스
  - 나라별 관습이나 서비스 유형에 따라 조금씩 다를 수 있다.

(3) 일 식

- 도꼬노마 앞 중앙이 상석이다.
- 자세는 똑바로 유지한다.
- 먹을 때 입에서 음식씹는 소리가 나지 않도록 한다.
- 밥은 적당량을 먹으며 국은 한번 더 요청하여도 된다. 밥을

다시 청할 때는 공기에 한술쯤 남긴다.

- 실컷 먹고 남긴다는 뜻으로 전부 먹지 않는다. 그러나 흉허물 없는 모임이라면 먹어도 좋다.
- 밥 또는 국은 받으면 일단 상위에 놓은 다음 먹는다.
- 그릇의 뚜껑은 상의 가운데서 왼편에 있는 것이면 왼편에, 오른편에 있는 것은 오른편에 놓는다. 즉, 밥 공기에 뚜껑은 왼손으로 들고 오른손을 대면서 왼편에, 국 그릇 뚜껑은 오른손으로 들고 왼손으로 받쳐서 오른편에 놓는다.
- 밥을 한젓가락 먹고 밥공기를 상위에 놓고 국그릇을 들고 한 모금 마신 다음 국 건더기를 한젓가락 건져 먹고 국그릇을 상위에 놓는다. 다시 밥을 한젓가락 먹고 원하는 반찬을 먹는다. 이때 반찬은 한 번에 이것저것 집어 먹지 않고 반드시 밥으로 돌아왔다 간다.

(4) 중국식

- 출입문에서 떨어진 곳으로 입구가 잘보이는 안쪽 중앙이 상석이다.
- 한접시의 요리를 둘러 앉아 젓가락으로 덜어서 집어 먹는 가정적인 요리가 중국요리다.
- 여러차례 나뉘어 요리가 나오므로 처음부터 너무 많은 양을 먹지 않도록 한다.
- 탕요리는 수저로 떠서 탕그릇에 담고 흘리지 않도록 그릇을 들고 먹는다.

• 젓가락으로 집을 수 있는 것은 큰접시에서 자기 접시에 덜어 양념을 쳐서 먹는다.
• 술은 새로운 요리가 나올 때마다 술을 따라 권하며 요리를 먹는다.
• 끝으로 주빈에게 축배를 들때 앉은 채로 하는 것이 보통이다.

(5) 나라별 테이블 매너

① 미국에서는 점심을 간단히 하고 저녁을 풍성하게 먹는다.
② '앙트레'는 미국에서는 메인 코스에, 유럽에서는 스타팅 코스에 포함되어 있다.
③ 칵테일 아워는 미국에만 있다(식사 전 약 1시간 동안 술을 즐긴다)
④ 영국에서는 티타임이 있는데, Afternoon Tea란 저녁때 작은 샌드위치나 과자류를 차와 함께 먹는 것을 말하고 High Tea란 계란이나 훈제 고기를 곁들인 것이다.
⑤ 미국에서는 말고기를 먹지 않는다.
⑥ 미국인은 고기를 썰 때만 왼손에 포크를 쥐고, 먹을 때는 오른손에 포크를 옮겨 쥔다.
⑦ 미국에서는 식사를 하지 않을 때는 손을 무릎 위에 올려 놓는다. 그러나 독일에서는 식사를 하지 않을 때라도 손을 무릎에 놓는 것은 결례다.
⑧ 유럽인은 왼손에 포크를 잡고 음식을 먹는다.
⑨ 영국이나 캐나다에서는 냅킨은 기저귀를 의미하므로 서비에

트(Serviette)라고 해야 한다.

⑩ 핀란드에서는 조미료 병을 손으로 직접 건네지 않고 옆으로 밀어 준다.

⑪ 프랑스인은 아침식사 시간에는 상담을 즐기지 않는다.

⑫ 이탈리아와 프랑스는 샐러드를 식후에 먹는다.

⑬ 독일인은 아침 식사시 꿀을 즐기는 민족이다.

⑭ 회교도는 돼지고기를 금하며, 술도 마시지 못하게 되어있다.

⑮ 인도, 방글라데시, 파키스탄 사람들은 채식을 즐긴다.

⑯ 프랑스에서는 애완견을 식당에 데리고 들어가도 무방하다.

⑰ 일본에서는 그릇에 담긴 음식 모양을 중시한다.

⑱ 멕시코에서는 점심식사를 대개 13~16시 사이에 한다.

⑲ 세계 대부분의 나라에서는 점심식사를 가장 풍성하게 한다.

나라별 Body Language

◉ 얼굴을 사용하는 제스처

분 류	내 용
눈깜박이기	대만에서는 다른 사람을 향해 눈을 깜박이는 것은 무례한 것으로 간주한다.
윙크하기	호주에서는 우정을 표시하기 위하여 윙크를 하더라도 여성을 향해 하는 것은 적절치 못한 제스처이다.
눈썹올리기	페루에서는 '돈' 이나 '내게 지불하라' 는 뜻을 갖는다.
눈꺼풀 당기기	유럽과 몇몇 라틴 아메리카에서 이 제스처는 '경계하라' 나 '나는 경계하고 있다' 라는 뜻을 나타낸다.
귀 튕기기	이탈리아에서는 근처에 있는 남자가 '여자같다' 라는 것을 나타내는 제스처이다.
귀잡기	인도에서는 후회한다거나 성실성을 나타낸다. 브라질에서는 비슷한 제스처(엄지와 검지로 귓볼을 잡는 모양)가 이해하고 있음을 표시한다.
코 때리기	영국에서 비밀이나 은밀함을 나타내며, 이탈리아에서는 다정한 충고를 의미한다.
코 흔들기	푸에르토리코에서는 '무슨 일이 있느냐' 는 제스처이다.
엄지로 코밀기	유럽에서 가장 많이 알려진 제스처 중의 하나로 조롱을 의미한다. 효과를 좀더 높이기 위해 양손이 사용되기도 한다.
코에 원 그리기	전형적인 미국의 OK 사인이 코위로 덧붙여지는 경우 콜롬비아에서는 화제의 사람이 '동성연애자'임을 나타낸다.
뺨에 손가락 누르기	이탈리아에서는 칭찬을 나타내는 제스처이다.

분 류	내 용
뺨 두드리기	그리스, 이탈리아, 스페인에서 '매력적이다'를 유고에서는 '성공'을 나타내고 있으나 다른 곳에서는 '아프다'거나 '가늘다'라는 것을 의미하기도 한다.
손 끝에 키스하기	이 제스처는 유럽 여러나라와 라틴 아메리카 여러나라에서 널리 사용되고 있다. 이는 '오 아름답다'를 의미하고 있으며, 그 대상은 여자에서 축구선수 등 사람에서 포도주에 이르기까지 다양하다. 이 제스처의 기원은 아마 성전을 드나들 때 석상이나 제단에 키스를 보내던 고대 그리스와 로마인들일 것이다.
턱 두드리기	이탈리아에서 '별로 흥미가 없다'거나 '꺼져버려라'라는 의미로 쓰인다. 그러나 브라질과 파라과이에서는 '모르겠다'라는 뜻으로 통한다.
머리에 원그리기	유럽과 라틴 아메리카 제국에서 손가락으로 원을 그리는 것은 '미쳤다'를 의미한다. 하지만 네덜란드에서는 '누군가 지금 전화를 하고 있다'는 뜻이다.
머리 끄덕이기	거의 모든 나라에서 'YES'를 의미하고 있으나 불가리아와 그리스에서는 'NO'를 의미한다.
머리에 손가락 돌리기	독일에서 '당신은 돌이다'라는 의미의 강한 상징으로 쓰인다. 고속도로에서 상대의 거친 운전 솜씨를 비난할 때 사용
머리를 갑자기 쳐들기	남부 이탈리아와 그리스, 말타 그리고 튀니지에서는 부정인 'NO'를 의미한다. 그러나 인도에서는 긍정인 'YES'를 의미하며, 독일과 스칸디나비아에서는 남을 부르는 신호로 사용
미소짓기	인도에서는 대체로 'OK' 싸인으로 통하고 있다. 특히 상담시에는 허락하는 의미로 받아들이므로 표정관리에 유의하여야 한다.

◉ 손을 사용하는 제스처

분 류	내 용
수평으로 뿔 만들기	대부분의 유럽에서는 악령에 대한 자기방어의 표시로 쓰이는 제스처이다. 그러나 몇몇 아프리카에서는 이의 변형된 제스처 즉 다른 사람을 향해서 검지와 중지를 내미는 제스처가 쓰이고 있는데 이는 상대에 대한 '악의에 찬 시선'으로 이해하고 있다.
수직으로 뿔 만들기	이탈리아에서 '당신의 아내가 부정을 저지르고 있다'라는 뜻이다. 그러나 브라질과 라틴아메리카의 여러 지역에서 행운의 표시로 사용되기도 한다.
V자 표시하기	대부분 유럽에서 손가락을 바깥쪽을 향하여 이 제스처를 하면 '승리'를 뜻한다. 그러나 손바닥을 안쪽으로 향하여 똑같은 제스처를 하면 '꺼져버려'라는 의미로 통한다. 마거리트 대처는 이를 잊고 그만 반대로 표시하여 심한 야유를 받은 것으로 알려져 있다. 비영국적인 나라에서 이 제스처는 '맥주 두잔 더'에서 처럼 단지 '둘'을 의미한다.
손짓하기	손가락 하나를 사용하여 누군가 부르는 것은 대부분의 중동과 극동지역 사람들은 '모욕'으로 생각한다. 이 지역 대부분의 나라들과 포르투갈, 스페인, 그리고 라틴 아메리카에서는 손바닥을 아래로 하고 손가락이나 손 전체를 흔들어 사람을 부르는 것이 좋다.
손가락으로 원 만들기	미국에서는 일반적인 'OK' 표시로 받아들여지고 있지만 브라질 등 남미에선 음탕하고 상스러운 '외설'로 간주되고 있다. 이 제스처는 그리스와 소련에서도 역시 무례한 것으로 간주되고 있다. 또한 일본에서는 '돈'을 뜻하고 있으나, 남부 프랑스에서는 숫자의 의미 그대로 '영'이나 '아무런 가치없는' 상반된 의미로 사용되고 있다.
손가락 교차시키기	유럽에서 교차된 손가락은 몇가지 의미로 사용되는데 '방어'

분 류	내 용
	나 '행운'의 의미로 많이 사용된다. 하지만 파라과이에서는 상대의 기분을 상하게 할 수가 있는 좋지 않은 의미의 제스처이다.
손가락 꺾기	프랑스와 벨기에에서 양손의 손가락들을 꺾는 것은 상스런 의미를 갖는다. 브라질에서 이 제스처는 과거지사를 상기 시키는 것으로 사용된다.
손가락 하나로 가리키기	대분분의 중동지역과 극동지역에서 검지를 사용해서 사물을 가리키는 것은 무례하게 생각된다. 대신 손가락을 펴거나 인도네시아에서처럼 엄지로 가리키고 있다.
두손가락 맞대기	이집트에서 이는 '남녀가 동침하고 있음'을 의미한다. 그리고 그게 사실이건 아니건 항시 무례한 것으로 간주되고 있다. 이는 또 '같이 잘까'라는 의미를 내포하기도 한다.
중지 내밀기	어디서든 별로 좋지 않은 의미를 나타내는 것으로, 오래전부터 사용 되어온 제스처이다. 로마 사람들은 중지를 '염치없는 손가락'으로 불렀다.
손바닥으로 주먹치기	이탈리아나 중국, 그리고 다른 많은 지역에서 '너를 그냥'이라는 의미로 사용되고 있다. 나라에 따라서는 주먹으로 손바닥을 치는 것도 같은 뜻으로 통한다.
앞으로 팔내밀기	지중해 연안 국가들에서 바로 위에 말한 내용 그리고 그와 비슷한 의미를 나타내는 다른 한 방법이다. 하지만 영국에서 이 제스처는 늑대 울음 소리와 비슷하게 '성적유혹'을 의미한다.
엄지를 위로 올리기	오스트레일리아에서는 무례한 제스처로 여겨진다. 하지만 대부분의 다른 나라에서는 단순히 'OK'를 의미한다.
펼친 손을 까닥이기	골치거리의 근원을 향해서 손가락을 까닥이는 이 보편적인 제스처는 '가버려라'이거나 '사라져 버려라'는 의미이다.

분 류	내 용
손 어루만지기	네덜란드에서 '그이 또는 그녀는 방탕하다' 라는 의미를 나타낸다.
손으로 주머니 모양 만들기	이 제스처는 의문이나 행운 또는 불안을 나타낸다. 이탈리아에서 보편적으로 사용되는 것이다.
손으로 톱질하기	남미의 콜롬비아에서 거래상의 이익을 나눈다는 의미의 제스처이다. 한손의 손바닥을 아래로 향한 채 다른 한손으로 그 위에서 마치 톱질하듯 하는 몸짓이다.

강의 KEY-WORD

KEY-WORD	내 용

강의 KEY-POINT SHEET

THEME	KEY-POINT	REMARKS
도　　입		
본　　론		
결　　론		
질의 응답		

제 12 장

효과적인 강의와 교안작성법

명강사 명심 사항

1. 주제를 소중히 한다

2. 시작과 종결을 소중히 한다

3. 시간을 소중히 한다

4. 시선을 소중히 한다

5. 언어를 소중히 한다

6. 수강생의 자존심을 소중히 한다

7. 강사의 이미지를 소중히 한다

제12장
효과적인 강의와 교안작성법

1. 프리젠테이션 스킬

(1) 프리젠테이션이란?

> 어느 한 사람이 자기가 전달하고자 하는 메시지를 다수의 청중들에게 전달하는 1 對 다수의 커뮤니케이션 과정

- 말하는 어느 한 사람이 자기가 전달하고자 하는 메시지를 다수의 청중들에게 전달하는 1對 다수의 커뮤니케이션 과정으로서,
- 말하는 사람이 전하고자 하는 메시지를 계획적으로 구성한 후 이를 효과적으로 전달함으로써, 듣는 청중들이 그 메시지를 빠르고, 쉽게 이해하도록 하는 것을 말한다.

(2) 프리젠터의 유형

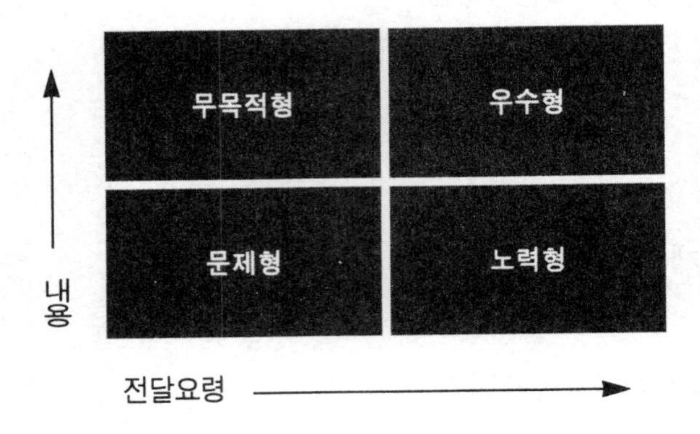

- 타고난 우수한 프리젠터는 없다. 단지 매번의 프리젠테이션을 성공시키도록 노력하고, 연습하여 프리젠테이션에 자신감이 있는 사람이 우수한 프리젠터이다.
- 문제형 : 내용과 전달내용이 모두 미흡함.
- 노력형 : 내용은 다소 미흡하나 전달내용은 열성적임.
- 무목적형 : 내용에 대해서는 어느 정도의 지식을 보유하고 있으나 전달하고자 하는 성의가 부족함.
- 우수형 : 전달하고자 하는 내용과 전달방법이 모두 우수함.

(3) 효과적인 프리젠테이션의 조건

1) 내용 (Content)

- 재미있어야한다.
- 자신에게 유익해야 한다.

• 신선해야 한다.

2) 전달 (Delivery)

• 분명하게(Clearly)
• 호감이 가게(Attractively)
• 열성적으로 해야한다.(Persuasively)

3) 발음을 분명히 해야한다.

(4) 프리젠테이션의 전개

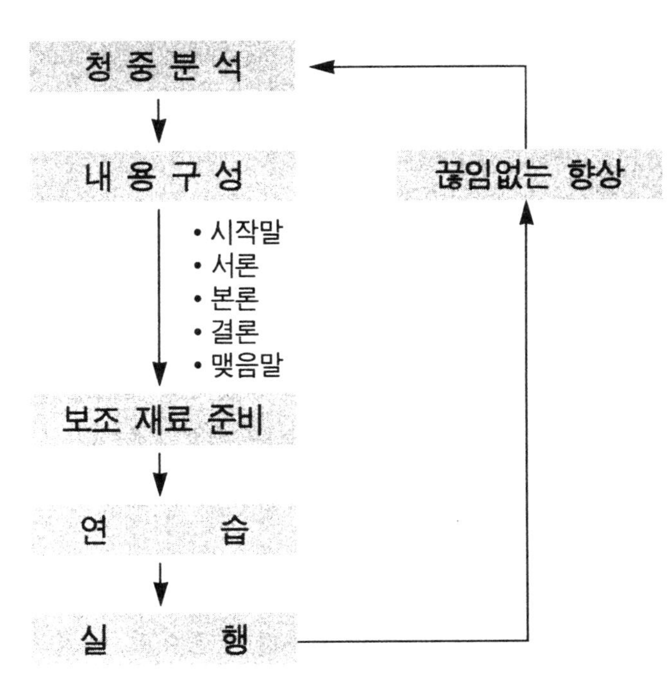

1) 청중분석

- 청중은 누구인가?
- 청중의 숫자는?
- 나이는?
- 듣고자 하는 열망의 정도는?
- 청중들이 듣고 싶어하는 것은?
- 듣고 싶어하는 방법은?
- 내가 말하고자 하는 주제에 대해 그들이 이미 알고 있는 것은?
- 원하는 결론은?

2) 내용구성

① 시작 말

- 최초 30초에서 2분 정도 청중들의 관심을 끌어 주목하게 하는 말
- 질문, 일화, 인용, 깜짝 놀라게 하는 말, 역사, 제목의 설명, 용어의 정의 등 상황에 적합한 소재로 시작한다.

② 서론

- 누가, 무엇을, 얼마동안 말하고자 하는지를 알게 하여 청중들로 하여금 듣고 싶다는 욕망이 생기게 하는 말
- 주제 설명, 순서, 질문시간 안내 등

③ 본론

- 전달하고자 하는 메시지를 전하는 말
- 말로 설명, 예화 · 비유, 시범, 시청각 보조자료, 요약, 전환 등

의 방법으로 청중들에게 전하고자 하는 내용을 충분히 설명

④ 결론

- 무엇을 말했는지 정리하는 말
- 최초 주제로의 복귀, 요점 · 요약, 확인 질문 등

⑤ 맺음말

- 마지막에 기억에 남을 만하게 다시 한번 강조하는 말
- 인용, 요점 요약, 재치, 칭찬, 외침, 호소 등

3) 효과적인 시각 보조재료 준비

- 명확해야 한다.
- 부각시켜야 한다.
- 주의를 끌 수 있어야 한다.
- 정확해야한다.
- 다루기 쉬워야 한다.
- 의미있고 필요한 내용이어야 한다.
- 비효과적인 것을 사용하는 것보다 오히려 보조재료 없이 발표하는 것이 더욱 바람직하다.

4) 연습

① 실제와 같은

- 발표 장소에서
- 발표자 전원이
- 실제의 시청각 도구를 사용하여
- 실제와 똑같은 방법으로 연습한다.

② 예상 질문서의 준비

③ 장소의 사전답사 및 점검

방의 크기, 레이 아웃, 조명, 방음, 마이크, 좌석 배열, 기자재의 종류 및 사용방법 등

5) 프리젠테이션 스킬

① 준수사항

- 바르게 선다.
- 미소를 짓는다.
- 청중을 바라본다.
- 질문을 던진다.
- 청중들이 알아듣게 말한다.
- 교보재를 활용한다.
- 필요한 동작을 취한다.
- 필요한 경우 시범을 해 보인다.
- 군더더기는 과감히 버린다.
- 휴식시간을 준수한다.

② 경청 기술

- 말하는 사람에게 주목하고 듣고 싶다는, 듣고 있다는 메시지를 보낸다.
- 말하는 사람에게 심리적으로 집중한다.
  - 무엇을 이야기하고 있는지
  - 어떻게 이야기하고 있는지
- 목적에 맞는 반응을 하면서 듣는다.

• 상대방의 주장을 인정하고 나서 나의 의견을 말한다.

③ 질문 기술

• 목적달성에 도움을 줄 수 있는 효과적인 질문을 사전에 준비한다.
  - 닫힌 질문(Closed Question)
  - 열린 질문(Open Question)
  - 탐색 질문(Probing Question)

• 적시에 적절한 질문을 던진다.
  - 시작 할 때
  - 중간
  - 종료 할 때

• 방해할 수 있는 질문에 유의한다.

④ 표현 기술

• 전달하고자 하는 메시지가 무엇인지를 명확하게 한다.

• 상대방이 이해하기 쉬운 단어, 용어, Little Word를 사용하여 생생하게 전달한다.

> Little man use big word, Big man use little word.
>
> \- Winston Churchill -

• 목소리의 크기와 Body Language를 적절히 이용한다.

• My Proposal(저의 제안은…)을 Your Requirement(이런 것이 필요하지 않으십니까?)로 말한다.

(5) 마이크 사용법

1) 마이크 쥐는 자세

- 기본자세로 선다.
- 시선은 정면을 향한다.
- 마이크 쥐는 팔과 겨드랑이 사이는 주먹 하나 들어갈 공간 정도로 벌린다.
- 입에서 마이크까지도 주먹 하나 들어갈 정도로 벌린다.
- 왼손은 어색하지 않도록 자연스럽게 처리한다.

2) 마이크 켜는 법

- 인사 후 고개를 들면서 가슴부분에서 켠다.
- 인사를 할 때에는 이가 보이도록 미소를 짓는다.
- 배부분에서 켜지 않는다.(잡음이 생길 수 있다)
- 마이크가 유니폼에 안 부딪치게 약간 떼어서 켜고 끈다.

3) 마이크 끄는 법

- "감사합니다"라고 인사하면서 고개를 숙이고 가슴부분에서 끈다.
- 배부분에서 끄지 않는다.

4) 주의사항

- 'ㅅ' 발음을 낼 때에는 마이크를 약간 뒤로 한다.
- 'ㅁ' 발음을 낼 때는(콧소리를 낼 때는) 마이크를 입에 더

가까이 댄다.

- 얼굴을 움직일 때 항상 마이크도 함께 움직이도록 한다.
- 마이크와 입 사이의 간격은 항상 일정하도록 한다.
- 마이크를 ↑수직으로 쥐면 목소리가 달라지므로 항상 ↗경사지게 쥔다.
- 마이크는 많이 움직이지 않도록 한다.
- 평상시 음보다 반음정도 높은 목소리로 얘기한다.
- 관객과 시선이 마주치면 갑자기 시선을 돌리지 않는다.
- 마이크 끝이 스피커 쪽으로 가면 잡음이 생기므로 마이크는 스피커 가까이 가지 않도록 한다.
- 마이크는 지나치게 세게 잡지말고 손가락을 세우거나 하지 않는다.
- 왼손에 마이크를 잡을 때는 같은 방법으로 왼발을 앞에 내고 오른손으로 지시하면서 설명한다.
- 머리는 인사할 때 불편하지 않도록 단정히 손질한다.
- 얼굴에는 항상 미소를 지니도록 한다.
- 소리는 복식호흡하며 될 수 있는 한 앞으로 소리가 퍼질 수 있도록 낸다.
- 시선은 관람객들을 향하고 위를 본다거나 밑으로 떨어뜨리지 않는다.
- 숫자 부분을 얘기할 때는 손가락으로 표시를 한다.

5) 시선 처리 요령

- 사람이 많을 때는 시선을 8자 모양으로 준다.

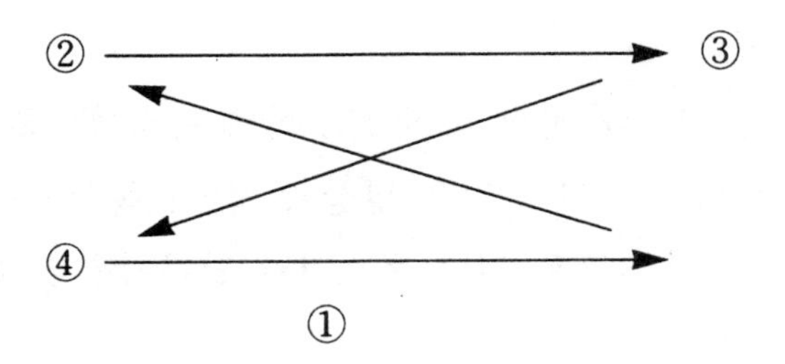

- 시선을 바꾸면 전원에게 시선을 주는 느낌이 든다.
- 이때 눈동자만 움직이지 않고 얼굴도 함께 돌린다.
- 상대방의 눈만 보면 긴장하는 사람은 상대방의 이마, 볼, 흉부에 시선을 준다.
- 움직일 때는 마이크와 함께 움직인다.

6) 떨림 방지법

- 마음을 편하게
- 잘 말하려고 계속 긴장하는 것에서부터 벗어난다.

Presentation Checklist

1) 프리젠테이션의 제 목 :

2) 프리젠테이션의 목적

3) 참석자의 특성분석

① 참석인원: 명 (남 :   여 :   )

② 참석자의 이름, 직위, 연령을 파악하고 있는가? (Yes, No))

③ 결정권이 있는 사람이 출석하는가? (Yes, No)

④ 참석자(부문)의 입장과 기획내용과의 이해관계를 생각하였는가? (Yes, No)

⑤ 참석자의 전문지식, 용어인식 수준을 고려한 표현방법을 연구하였는가? (Yes, No)

4) 발표자의 분석

① 발표자 측은 서로 전원을 알고 있는가? (Yes, No)

② 역할 분담을 알고 있는가? (Yes, No)

5) 내용 분석

① 전달하고자 하는 핵심을 3개로 요약한다면 ?

② 최초의 도입부분에서 무엇을 말할 것인가?

③ 최후의 종결부분에서 무엇을 말할 것인가?

6) 사용도구 기기의 분석

① 프리젠테이션에 사용하는 도구는? (기획서, 챠트, OHP, 칠판, 컴퓨터, 빔 프로젝트, 기타)

② 사용 기기의 작동 방법을 숙지하였는가?

③ 한장의 요약서로 기획의 전체, 혹은 중요 부분을 정리하였는가?

7) 예상되는 질문 및 찬성 · 반대 의견은?

8) 프리젠테이션 장소의 좌석배열, 마이크, 조명, 시계, 음료, 사용 기기 등 모든 것을 준비하였는가?

2. 강의 방법

(1) 프로강사의 3가지 명심사항

- 강사 이미지를 소중히
- 시작, 종결을 소중히
- 시간을 소중히

※무딘 송곳 끝
불량 만년필 촉
엉터리 열쇠가 되지 말라.

(2) 명강사의 자세 3단계

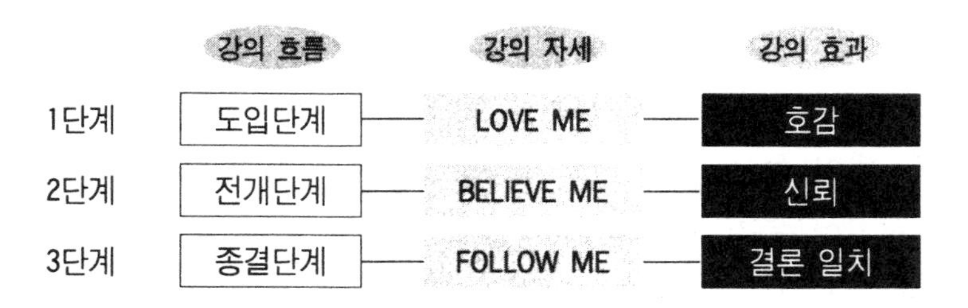

※마른 장작불 이론 → Synergy교육 (완전연소, 상호학습)
불꽃은 완전 연소 때 가장 아름답다.

(3) 강의는 타이밍의 예술

• 강의 흐름과 교육효과

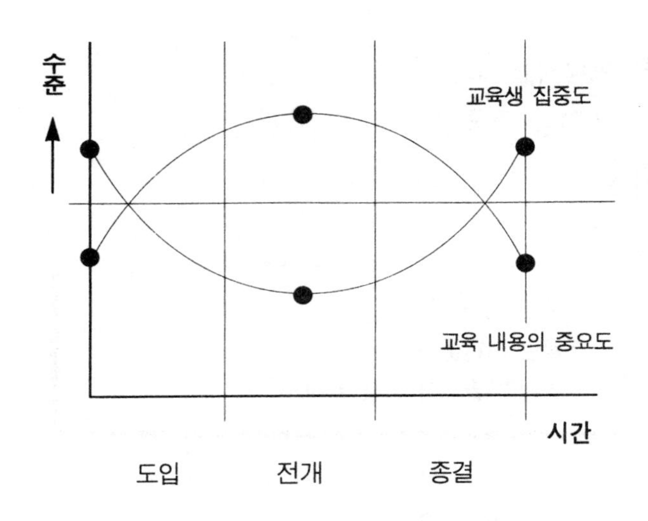

(4) 수강자를 사로잡는 화법

강사의 강의를 듣는다는 것은 대단한 노동에 속한다. 금방 싫증을 내어 듣는 척만 하고 사실은 그냥 멍청히 앉아 있기 일쑤이고 심지어는 강의를 자장가 삼아 자기도 한다. 그러면 어떻게 해야만 교육생으로 하여금 강사의 이야기에 시종 열심히 귀를 기울이게 할 수 있을까?

1) 이야기에 변화를 준다.

교육생의 흥미와 관심을 계속적으로 자극하려면 이야기에 변화를 주어 살아 움직이는 것같이 생명을 불어 넣어 주어야 한다. 아무리 맛있는 음식이라도 몇 끼를 계속해서 먹으면 물리고 마는 것과 같다

① 음성의 고저 · 강약 · 억양 등으로 항상 변화를 주도록 신경을 써야 한다.
② 이론적인 주장과 구체적인 실례를 교차시켜 싫증나지 않도록 해야 한다.
③ 회화의 사용
논리를 전개할 때 해설과 설명만으로 그칠 것이 아니라 실제로 있었던 일을 직접화법으로 재현해 본다.

(5) 강사 스피치(speech)의 15훈

1) 주제를 예고하라!
2) 말하는 내용의 의의를 밝혀라!
3) 순서있게 말하라!
4) 교육생의 이해를 확실히 하면서 나가라!
5) 구체적으로 이야기 하라!
6) 주안점은 반복하라!
7) 시각에 불쾌한 자극을 주지 말라!
8) 개구일성을 중요시하라!
9) 회화조로 자연스럽게 말하라!
10) 방법론을 제시하라!

11) 이야기에 변화를 주어라!
12) 교육생에게 관심을 보여라!
13) 제스처를 사용하라!
14) 웃음과 유우머를 활용하라!
15) 여운을 남기고 끝맺어라!

(6) 설명화법

1) 설명의 의미

교수 과정에서는 강사의 설명을 통해서 교육이 이루어지는 면이 있기 때문에 오래전부터 설명적 방식이 교육방법에 활용되어 오고 있다.

설명적 방식이란 완성된 형태로 표현된 교재 또는 표본, 실물에 대하여 그 의미, 내용, 형식을 강사가 그대로 설명해 나가는 것과 같은 교수방법이다.

자연과학의 법칙을 설명한다거나 문장을 해석 번역하며 문법적으로 설명하는 경우 혹은 기계를 보이면서 그 구조를 설명하는 것같은 교수방법이다.

설명은 미지의 사실이나 아직 이해되지 않고 있는 사실의 의미를 상세하고도 분명히 알기 쉽게 하는 것이다.

그러므로 설명은 일상 행해지는 인간의 언어활동 가운데 가장 기본적인 형식이다. 대화나 좌담을 할 때 강의나 토의에 참가할 때 이 설명은 쓰인다. 설명 한다는 것은 지식이나 정보를 교육생이 아직 모르고 있거나 또는 알고 있더라도 그것이 불충분할 때 그 지식이나 정보를 교육생에게 이해할 수 있는 방법으로 상세하고 분명하게 교육생에 알린다는 목적을 갖고 있다.

설명형식의 유형으로는 강의, 강연, 여행담, 보고, 발표, 지시, 명령, 뉴스해설, 공식인사 등이 있다.

2) 설명의 목적과 방법

- **설명의 목적은 다음과 같다.**

① 어떤 용어의 의미에 대한 설명

② 다른 사람이 말한 것이나 쓴 것에 대한 설명

③ 순서와 경과에 대한 설명

④ 방법에 대한 설명

⑤ 과거나 현재의 사건에 대한 설명

⑥ 사실의 중요성이나 그 의의에 대한 설명

⑦ 자신의 직접 및 간접경험에 대한 설명 등

-**설명에 쓰이는 효과적인 방법은 다음과 같다.**

① 정의 또는 일반적인 서술을 쓴다.

② 비교를 하면서 설명한다.

③ 실례나 사실을 제시하든가 지적하면서 설명한다. 실연도 여기에 포함된다.

④ 증명을 예로 들어 설명한다.

⑤ 통계를 예로 들어 설명한다.

⑥ 시청각에 호소하여 설명한다.

⑦ 반복적으로 설명한다.

3) 설명의 순서

① 주의깊게 순서에 따라 서술하고 한 번에 한 가지의 사실을 이해시킨다.

② 한 가지 사실이 이해된 후에 다음 것에 대한 설명을 해 나간다.

③ 서술하려는 것을 적절히 반복한다.

④ 교육생이 잘 알 수 있는 용어를 택해서 서술한다.

⑤ 교육생이 잘 알고 있는 실례를 들어 서술한다.

⑥ 설명하고자 하는 것과 유리한 예를 비교하면서 서술한다.

⑦ 교육생의 질문이 있을 때는 이를 허락하고 이에 답한다.

⑧ 분명하게 설명하고 구체적으로 이해시키기 위해서 일람표나 도표, 도해, 회화, 사진 등의 시각교재를 활용한다.

⑨ 분명하게 설명하고 구체적으로 이해시키기 위해서 실연이나 동작을 통해 설명한다.

⑩ 설명한 전체를 분명히 하기 위해 끝으로 주의깊고 정확한 결론이나 요약을 준비한다.

4) 설명 · 화술의 기술

모든 강의에서 설명 · 화술의 활동이 제일 많은데 종래 교수 · 학습지도면에서 이점에 대해서는 별로 문제로 삼지 않았다. 그러나 모든 강사는 화술 · 설명의 요령과 기능을 충분히 체득하여야 모든 기회에 교육적 성과를 거둘 수 있다. 일반적으로 좋은 강의는 음성, 발음, 말솜씨, 태도, 내용, 화술 등 여섯가지의 조건을 갖추어야 한다. 좋은 화술의 내용을 이해하고 기능을 체득하기 위해서 좋은 화술의 기준을 들면 다음과 같다.

① 좋은 음성으로 말한다.
- 듣기에 거북하지 않은 음성으로 말한다.
- 그 장면에 적합한 높이의 음성으로 말한다.
- 듣기 편한 정도의 강한 음성으로 말한다.

② 좋은 발음으로 말한다.
- 정확한 발음으로 말한다.
- 뚜렷한 발음으로 말한다.
- 잘 조화된 말(리듬, 억양, 흐름 등)로 말한다.

③ 좋은 말씨로 말한다.
- 올바른 말씨로 말한다.
- 아름다운 말씨로 말한다.
- 알기쉬운 말씨로 말한다.

④ 좋은 태도로 말한다.
- 씩씩한 태도로 말한다.
- 겸손한 태도로 말한다.
- 교육생을 존경하는 태도로 말한다.

⑤ 좋은 내용의 말로 한다.
- 잘 정리되고 다듬어진 내용으로 말한다.
- 교육생에게 흥미있는 내용으로 말한다.

• 지나치지 않은 내용으로 말한다.

⑥ 좋은 말머리(시작)로 말한다.

• 내용이 정확하게 전해지도록 말한다.
• 말의 목적(알리는 것, 설득시키는 것, 감탄시키는 것)이 적합한 말로 말한다.
• 말의 장면 (1對1, 1對다수)에 맞추어서 말한다.

5) 설명내용의 구성

• 설명의 내용은 문장의 구성과는 다르다.
• 설명에 적합한 구성요소가 구비되어야 한다.
• 일반적으로 알려진 설명내용의 구성요소는 다음과 같다.

① 간단한 스타일을 취하는 것이 좋고 활자문장과 같이 구성하지 않는 것이 좋다.
② 단락을 많이 나눌 것.
③ 원칙적으로 주어는 두부에 놓는다.
④ 시간의 자연적인 흐름에 따라서 구성한다.
⑤ 적당한 반복을 되풀이 한다.
⑥ 말의 간격을 생각하여야 한다.

6) 좋은 화술의 요령

-**훌륭한 화술의 요령은 다음과 같다.**

① 엄숙하고 자신있는 태도로 말한다. 그렇게 하므로써 안심하고 들을 수 있고 자기도 모르는 사이에 말에 열중하게 된다.
② 음성이나 발음에 표정을 조화시킬 수 있다.

③ 적절한 말이 계속해서 이어진다.
④ 세련된 말을 능숙하게 사용한다.
⑤ 유모어를 잘 구사한다.
⑥ 내용을 강조하거나 감탄할 수 있는 말을 할 수 있다.
⑦ 장면에 따라 언제나 화제를 능숙하게 바꾸어 나간다.
⑧ 여러가지 사실이나 사건을 건설적으로 신선하게 해석한다.
⑨ 교육생을 이끌어 가며 자유로이 조정해 간다.
⑩ 교육생의 반응에 따라서 내용이나 말투를 조절하고 교육생에게 싫증이 나지 않게 한다.
⑪ 교육생이나 주위의 방해요인을 잘 처리할 수 있고 야유같은 것도 슬쩍 잘 넘겨 버린다.
⑫ 교육생을 끌어당기는 마력을 가지고 있다.

7) 흥미롭게 할 수 있는 화술의 자료

강의를 위시해서 모든 교육장면에서는 설명하고 해설해 가는 말 자체와 줄거리 내용을 흥미롭게 하는 것이 동기유발이 잘 되고 지루하거나 싫증을 내지 않고 학습을 활기있게 진행시켜 갈 수 있는 근원이 된다.

흥미있게 하는 말이란 화술 그 자체가 흥미로운 경우(말재간)와 말의 내용이 흥미로운 경우가 있는데 전자는 선천적인 언어능력이 있어야 하기 때문에 보통 강사로서는 말의 내용이 흥미있도록 재료를 말가운데 활용하도록 노력하여야 하겠다. 일반적으로 흥미를 이끌 수 있는 말의 재료는 어떤 것인가.

① 새롭고 색다른 것에 흥미가 있다.
② 자극적인 것에 흥미가 있다.
③ 자기에게 관계있는 사건에는 흥미가 있다.
④ 개인적이고 비밀에 속하거나 사생활에 속하는 것들에는 흥미가 있다.
⑤ 유머러스한 것은 흥미가 있다.

8) 강의의 기본적 조건

대화나 강의가 잘 이루어질 때는 교육생이 들어서 잘 이해가 되고 흥미로워야 되는데 그것은 교육생에 따라서 강의의 내용이 달라야 하며 교육생에게 적합한 말이어야 한다.

강사가 교육생들을 상대로 일상 사용하는 언어내용은 어떤 것인가.

-발언의 기본적 조건들을 정리하면 다음과 같다.

① 교육생이 쓰는 말로 바꾸어서 말하도록 한다.
② 교육생의 생각에 가깝도록 하여 말하도록 한다.
③ 교육생의 경험범위의 사건을 주로 하여 말하도록 한다.
④ 교육생 자신의 문제에 결부시켜서 말하도록 한다.
⑤ 교육생 자신에게도 생각할 수 있는 기회를 주면서 말하도록 한다.
⑥ 교육생이 알고 싶어서 구하고 있는 것에 따라서 말하도록 한다.
⑦ 교육생의 흥미에 맞추거나 호기심을 일으킬 수 있도록 말

한다.

⑧ 복잡한 생각이나 사항은 짧은 생각으로 쉽게 이해하도록 해서 한다.

⑨ 변명에 지나지 않는 말을 하지 않도록 말한다.

⑩ 짧은 말의 단위로 끊어서 말하도록 한다.

⑪ 한 번에 하나의 사항을 나누어서 말하도록 한다.

⑫ 교육생의 발언을 "그렇지요"로 받지 말고 "…라고 하는 것이지요"와 같이 자기의 말로 고쳐서 말하고 다른 교육생에게도 가르친다.

⑬ 모른다는 답에는 힌트를 주어서 다시 생각케 한다.

⑭ 결론만을 찾으려고 하지 말고 결론에 이르는 길잡이를 진술할 수 있도록 말을 건다.

⑮ 교육생의 이해를 한가지 한가지 확인해 가면서 말하도록 한다.

- 교육생에게 질문을 시키고 알고 있는가 없는가를 확인한다.
- 이해하고 있지 않으면 답할 수 없는 질문을 가끔한다.
- 이해하지 않으면 할 수 없는 동작이나 행동을 가끔 시킨다.

⑯ 구체적으로 설명하는 방법으로 말하도록 한다.

- 구체적인 사물이나 숫자와 결부시켜서 말하도록 한다.
- 실례를 넣어서 말하도록 한다.
- 칠판에 판서를 하여 말한다.
- 시청각 교구를 사용해서 말하도록 한다.
- 몸짓이나 실연으로 말하도록 한다.
- 중요한 점과 그렇지 않은 점을 알아낼 수 있도록 한다.

⑰ 사항의 순서를 세워서 말하도록 한다.
- 시간의 순서로 정리해서 말하도록 한다.
- 공간이나 장소의 순서를 고려해서 말하도록 한다.
- 논리적 줄거리의 순서를 고려해서 말하도록 한다.
- 원인결과의 순서를 따라서 말하도록 한다.
- 흥미를 끄는 순서에 따라서 말하도록 한다.

⑱ 여러가지의 비유를 써서 말하도록 한다.
- 이야기에 맞는 비유를 써서 말하도록 한다.
- 반대의 비유를 써서 말하도록 한다.

⑲ 도중이나 끝머리에 말의 요약을 넣어서 말하도록 한다.

⑳ 제일 마지막에는 요약해서 말하도록 한다.
- 요점을 강조하면서 말하도록 한다.
- 제일 끝에 요점을 강조시킨다.

(7) 설득의 화법

설득이란 상대를 납득시키고 행동으로 옮기게 하는 것을 말한다. 설득은 교육생으로 하여금 "과연 그렇군" 또는 "그렇다면 나도 그렇게 해보자"하는 자발적인 의지를 일으키게 하는 것이 필수조건이다. 따라서 자기가 생각하고 있는 것을 일방적으로 지껄이거나 억지로 강요하는 것만으로는 설득의 목적을 달성할 수 없다.

1) 설득의 조건

① 풍부한 인간성

교육생의 마음을 붙잡고 강사의 이야기에 마음으로부터 공감하게 하고 듣는 교육생으로 하여금 행동을 일으키게 하는 원천은 강사 자신의 진실된 모습과 인간으로서의 종합 능력이다.

② 설득할 일에 대한 이해

특수한 경우를 제외하면 설득을 하는 이상 그것을 교육생에게 이해시키는 일이 전제되지 않으면 안되고 그렇다면 그 내용을 설득자가 자세히 몰라서는 안된다.

③ 교육생에의 적절한 대응

같은 일을 설득하는 경우라도 상대에 따라서 그 방법은 달라진다. 따라서 교육생의 최대공약수를 파악하여 거기에 대응해야만 효과를 거둘 수 있다.

④ 강사의 태도

쉽게 말해 강사가 교육생으로부터 호의를 사고 있느냐 그렇지 못하냐 하는 것이다. 같은 강의라도 호감받는 강사가 하는 강의와 미움을 사는 강사가 하는 강의의 영향은 전혀 다르다. 따라서 강사는 첫인사말이나 매너 등에서 교육생의 호감을 사도록 연구해야 한다.

⑤ 강사의 열의

열의는 감염된다. 열의에 불타는 강사의 이야기는 교육생도 불태운다. 그러나 열의를 느낄 수 없는 이야기는 김빠진 맥주처럼 교육생에게 아무런 감흥도 주지 못한다. 그러면 강사의 열의의 원천은 무엇인가? 그것은 "이것은 나에게 꼭 필요한 일이야"라는 강의 그 자체에 대한 사명감과 "이렇게 하도록 하지 않으면 안되겠다"고 하는 설득에의 의욕이다. 이것이 없으면 강의에 열의가 있을리 없고, 열의가 없으면 교육생도 움직이지 않을 것이다.

2) 설득의 7단계

① 중점

설득할 때 우리는 흔히 성급해지기 쉽다. 교육생의 사정에는 관계없이 성급하게 결론을 강요하려고 하는 것이다. 따라서 우선 교육생을 예의 분석하여 설득점을 찾아내는 것이 급선무이다.

② 주의

교육생의 주의를 끌어 강사의 이야기에 귀를 기울이게 한다. "여러분이 알아야 할 중대한 문제가 있습니다. 그것은 …입니다." 등이나 호소, 질문에 의해서 교육생을 강의 내용에 참여시키는 것이다.

③ 흥미

흥미를 끄는 것이다. "지금부터 말씀드리는 것은 여러분이 돈을 주고도 살 수 없는 것입니다" 등의 이야기로 교육생의 흥미를 자극하는 것이다.

④ 편안함

인간은 불안감을 느끼면 움직이려고 하지 않는다. 강사도 교육생에게 불안감을 주어서는 안된다. 뚜렷한 방법론을 제시하지 않은 채 무엇을 하라고만 하면 교육생은 그것을 과연 어떻게 하면 될 것인가를 몰라 불안해 한다. 이때는 이것을 하는 방법은 무엇이고, 그것은 틀림없이 성공할 수 있다는 식으로 안심하고 그 행동으로 옮길 수 있게 해 주어야 한다.

⑤ 동기

강사가 교육생에게 끌어 내려고 하는 행동의 결과가 어떤 것인지를 알려주어 그것을 얻고 싶다는 욕망을 갖게 한다. 즉 동기부여이다. 이것이 교육생의 의지결정과 행동에의 기폭제가 된다. 교육생에게 결과를 보이는 방법에는 순수 이론적으로 증명해 주거나, 실물이나 모형사진을 보이는 방법, 권위자나 전문가의 증언을 들려주는 방법 등이 있다. 따라서 시청각효과로 무언가 보여 주면서 설득하는 것이 좋다.

⑥ 결심

동기부여가 잘된 다음 단계는 결단으로 이행된다. 그런데 교육생은 타율보다는 자율을 좋아한다. 남이 시키는 일을 하기보다는 자발적으로 하고 싶어하는 것이다. 따라서 결단도 이러한 자발의지와 결부시킬 필요가 있다.

⑦ 행동

결단이 내려졌다고 해도 그것이 곧 행동으로 옮겨지는 데는 상당한 저항이 따른다. 마음으로 "그렇게 해야겠다"고 생각하는 단계에선 그것이 다른 사람에게 알려지지 않는다. 그러나 일단 행동으로 옮기게 되면 모든 사람에게 자기의 행동을 보이는 셈이므로 거기에는 상당한 용기가 필요하다. 용기를 부추기기 위해서는 그러한 행동에서 얻을 수 있는 자타의 만족감, 명예감을 강조할 필요가 있다. 즉, "그렇게 해주신다면 큰 도움이 되겠습니다" 등이다.

(8) 예화의 활용법

1) 사용 목적

기능교육이 아닌 태도교육에서는 예화가 단순히 이해를 돕는 수단이 될 뿐만 아니라 교육생의 의욕을 불러 일으키는 자극제로서도 중요한 의미를 갖는다. 따라서 예화의 사용에는 그 목적에 대한 명확한 인식을 가지고 있어야 한다.

① 예화는 강의의 내용을 수강자에게 잘 이해시키기 위해서 사용한다.
② 예화는 교육생을 정적으로 감화시키기 위해서 사용한다.
③ 예화는 교육생이 어떤 행동을 일으키도록 자극하기 위해서 사용한다.

2) 예화의 원천

대별하면 사실 예와 사고 예 둘로 나눌 수 있다. 사실 예는 강사의 직접체험과 간접체험에서 나오고, 사고 예는 강사의 사고체험에서 나온다. 다시 말해서 예화는 우리가 보고, 듣고, 읽고, 행동하고 생각하는 가운데 얻어지는 것이다.

① 직접체험
② 간접체험
③ 사고체험
- 속담, 격언, 명언 등

- 문자풀이에 의한 의미 부여 : 한자나 영어의 어원 등
- 전설, 동화 등
- 문학작품, 창작물 등

인간이란 잊어버리기 쉬운 동물이다. 따라서 좋은 얘기거리나 자료가 생기면 즉시 수첩이나 메모 노트에 적어두었다가 필요할 때 활용하는 것이 좋은 것이다. 메모를 정리할 때는 Card식으로 제목이나 요점 등을 적어 두면 더 좋다.

3) 예화의 조건

강사가 효과적으로 활용할 수 있는 예화는 일반적으로 어떤 것인가? 강의의 준비단계에서 화제를 수집할 때 명심하고 있어야 할 좋은 예화의 조건은 다음과 같다. 이같은 조건에 맞는 예화만이 예화로서의 기능을 충분히 다할 수 있다.

① 보편성
② 공감성
③ 신선도
④ 단순성
⑤ 명랑성
⑥ 인상적
⑦ 품위성

즉 들어서 즐겁고 유익한 예화를 고르도록 주의해야 한다.

4) 예화의 요리법

수집한 화제가 그대로 이야기의 목적에 꼭 들어 맞는다면 문제는 없을 것이다. 그러나 그런 화제는 거의 없다. 시간의 제약에 의한 불필요한 부분의 삭제, 목적이나 주제에 맞게 고치는 연구, 물리적인 강화법 등으로 예화를 가다듬는 노력이 필요하다.

① 생략한다.

불필요한 부분은 대담하게 잘라 내어 충실한 내용으로 만든다. 단순한 화제를 짜릿하고 톡 쏘는 맛이 나게 하는 것이 예화를 요리하는 핵심이다. 예화가 너무 커서 그것이 이야기 전체의 중심이 되어버리면 예화로서 의미가 없어진다. 다만 이때 주의할 것은 남길 것과 자를 것을 잘 판단해야 한다는 점이다.

② 확대한다.

필요에 따라서는 반대로 어떤 부분을 확대해서 보여주어야 한다. 여기서 확대한다는 것은 어떤 부분을 강조하거나 강한 표현으로 인상을 깊게 하는 것을 의미한다. 다만 너무 과장하면 이야기 전체의 품위를 떨어뜨릴 염려가 있으므로 이점은 주의를 해야 한다.

③ 복습한다.

하나의 예화만으로는 목적을 달성하기에 미흡하거나 불충분한 경우가 있다. 이때 몇가지의 예화를 조합하여 어떤 하나의 정리된 이야기로 만들면 이러한 결점을 보완할 수 있다.

(9) 강의와 유우머

강의는 재미있어야 한다. 제아무리 심오한 내용을 가르치는 강의라 할지라도 재미있게만 가르칠 수 있다면 더 이상 좋을게 없다.

그래서 강의에 있어서 유우머는 중요하며 더 이상 좋을게 없다.

그렇다고 강의내용이 코미디같은 넌센스의 연속이어야 한다는 이야기는 아니다. 『이왕이면 다홍치마』라고 같은 강의를 하더라도 보다 더 흥미를 돋우고 보다더 즐거운 기분으로 강의를 들을 수 있게 해줄 때 강사의 능력은 돋보일 수밖에 없다. 더욱이, 자발적 참여자가 아니라 타의(?)에 의한 교육생을 상대로 하는 강의에 있어서 강사의 중요 임무(?)중 하나는 어떻게 하면 졸지않게 하느냐이다. 그 기법중 가장 대표적으로 유용한 것이 바로 유우머의 활용이다.

1) 유우머의 기능

① 교육생을 장악하고 주의를 집중케한다.

② 흥미를 유발하고 즐거운 기분으로 강의에 임하게 한다.

③ 교육생의 강의 참여를 촉진한다.

④ 강사의 교과목에 대하여 호감을 높여 결국 교육효과를 높이게 된다.

⑤ 강사의 능력을 평가하는 요소의 하나가 된다.

⑥ 교육생에는 유우머의 정도에 따라 명강의냐 아니냐를 판가름 하는 이가 있을 정도로 유우머의 위력은 대단하다.

2) 유우머의 역기능

① 지나친 유우머의 사용은 강의의 수준을 평가절하 하게 할 우려가 있으며 강의를 코미디화할 위험성이 있다.

② 유우머로 인하여 강사의 신뢰성과 권위를 떨어뜨릴 위험이 있다.

③ 유우머가 남발될 때 강의를 듣는 순간에는 퍽 인상적일 수 있으나 강의가 끝난 후 남는 게 없는 즉 알맹이가 없는 강의가 되기 쉽다.

④ 교육생의 수준에 비하여 유우머의 수준이 현저히 낮을 경우 질이 낮은 인상을 줄 수 있다.

3) 유우머 사용의 원칙

① 교육생의 수준, 강의의 수준에 따라 유우머의 내용과 수준을 조절하여야 한다.

② 교육생의 주의력 집중이 이루어지고 강사의 교육생 장악이 잘 이루어지고 있을 때는 유우머의 남발을 금해야 한다.

③ 유우머는 어떠한 형태를 빌어서라도 강의 내용과 관련된 것이어야 한다. 교육생의 주의가 산만해졌다고 하여 강의 도중에 갑자기 "재미있는 이야기 하나 해드리죠"하는 식으로 전혀 엉뚱한 내용의 웃기는 이야기를 해줌으로써 강의의 흐름을 차단해서는 안된다.

④ 유우머가 특정인이나 특정계층의 사람에게 심적고통을 주는 것이어서는 안된다.

⑤ 유우머가 교육생의 시비를 불러일으킬 여지가 있거나 눈살

찌푸릴 정도의 속어・비어의 연속이어서는 안된다.

⑥ 유우머의 내용이 강사의 이미지를 실추시키는 것이어서는 안된다.

4) 유우머의 유형

① 내용자체가 유우머스러울 것.

② 넌센스로 과장된 이야기일 것.

③ 상식을 벗어난 어이없는 이야기일 것.

④ 표현이 유우머스러울 것.

⑤ 유행어를 구사할 것.

⑥ 특정인을 흉내내는 방법일 것.

⑦ 평범한 사실의 기상천외한 해석.

⑧ 실패・제스처를 함께 연출할 것.

5) 유우머 구사의 기법

① 풍부한 유우머의 소재 발굴

명강의를 꿈꾸는 강사라면 평소에 꾸준히 유우머의 소재를 발굴, 모아두어야 한다. 모아둔 유우머의 소재가 언제 어떻게 사용될 것인가는 차후의 문제이다. 준비되어 있으면 활용할 기회는 반드시 오게 마련이다.

② 각색

자료로서 모아둔 유우머의 소재는 자기의 것으로 완전히 소화해야 한다. 때로는 타인의 경험담에 내용의 첨삭을 가하여 자기 자신이 경험담으로 각색할 필요도 있다.

③ 표현방법의 변화

지극히 평범한 내용도 표현방법에 따라 유우머가 될 수 있다. 유능한 강사는 특히 이점에 능수능란한데 평소에 표현방법에 대한 깊은 연구가 필요하다.

④ 치밀한 유우머 계획

유우머의 소재와 그것을 사용할 시점을 교안작성시 치밀하게 계획하여야 한다. 강의 도중에 예기치 않게 교육생의 웃음을 자아내는 경우도 있으나 그것은 어디까지나 부수적인 것이지 계산된 유우머는 아니다. 어느 순간, 어떤식으로 교육생을 유우머로서 장악할 것인지 사전에 고려하여야 한다.

⑤ 유우머 사용의 빈도 조절

강의시간 동안 계속하여 교육생을 웃음바다로 만드는 강사가 있는데 흔히 그런 강사를 명강사라고 하기도 한다. 그러나 교육생을 웃기는 내용이 강의의 주제와 완전히 일치함으로써 웃음을 통하여 교육생에게 감흥을 불러일으켜 무엇인가 교훈을 주고 태도의 변화를 유도해 낼 수만 있다면 별문제가 없겠지만 단순히 웃음을 유도해 내기 위한 유우머의 남발이라면 강의의 질을 낮추고 강사의 이미지를 코미디맨화 할 우려가 있으므로 그 빈도를 조절하여야 한다. 50분 강의에 5회 정도의 폭소를 유발할 수만 있다면 유우머 구사에 있어서 일단 성공이라 할만하다.

⑥ 강의 내용과의 연결

유우머는 그것이 비록 어떠한 내용일지라도 강의 내용과 연결되어야 한다. 강의 내용과 직접적으로 관련이 없는 것 같은 소재라도 한단계만 논리의 비약을 시도하면 간단히 연결할 수 있다. 그리고 유우머의 마지막 여운(또는 결론)은 가급적 진지하고 교훈적인 것이 되는 게 좋다.

⑦ 강사의 유우머 사용시기

강사 중에는 유우머의 내용을 말하기 전에 자기가 먼저 웃어 버리는 수가 있는데 이렇게 되면 교육생의 폭발적인 웃음을 유도해 내기 어려울 뿐 아니라 자칫 싱거운 강사가 되기 쉽다. 교육생이 "와!"하고 웃고난 후 강사가 따라 웃어줌으로써 폭소의 강도를 높일 수 있다.

⑧ 어조나 제스처의 보조

똑바로 서서 담담하고 변화없는 어조로 무표정하게 웃기는 이야기를 하게 되면 유우머의 효과가 반감된다. 교육생을 웃기려고 할 때는 능청스런 표정, 장난기 있는 어조, 특이한 몸짓, 박진감 넘치는 제스처나 화법이 조화됨으로써 유우머의 효과를 배가시킬 수 있다.

⑨ 짧은 시간의 활용

유우머는 장황한 상황 설명이 뒤따르는 것이어서는 안되며 유우머 구사에 많은 시간을 할애해서도 곤란하다. 짧은 시간의 말과 몸짓으로 폭발적인 웃음을 자아내게 하는게 요령이다.

(10) 질문화법

최근에는 강사가 일방적으로 떠드는 강의 방식으로부터 강사와 교육생이 대화(질문과 대답)를 나누는 강의 방식으로 발전해가고 있다. 이것은 앞서 말한 바와같이 회화형 강의법의 일부분이기도 한 것이다.

1) 질문의 효용

① 주의를 끈다.

"이 문제에 대해서 생각해 보신 적이 있습니까?"

② 흥미를 갖게 한다.

"이런 일에 부딪쳤을 때 여러분이라면 어떻게 처리하겠습니까?"

③ 참여를 시킨다.

"이것을 할 수 있겠습니까?"

④ 변화를 준다.

지금까지 "입니다"조의 서술문으로 진행되어 오던 이야기가 갑자기 의문문으로 바뀌면 교육생은 변화를 느낀다.

⑤ 효과를 확인한다.

강사의 질문으로 교육생의 기초지식이 어느 정도인지를 파악할 수 있으며 강의 도중의 질문은 강의 내용을 어느 정도 이해하고 있는지를 알 수 있다.

2) 질문의 목적

- 질문에도 여러가지 목적이 있다. 그 목적에 따라 질문을 하지 않으면 그 질문이 쓸모 없는 것이 되고 만다.

① 생각하게 하기 위한 질문

"앞서 말한 …은 그 원인이 어디 있다고 생각합니까?"

② 자료를 모으기 위한 질문

"이것에 관해서 경험한 바가 있으면 들려 주시겠습니까?"

③ 반대나 비판을 구하기 위한 질문

"찬성입니까, 반대입니까? 의견을 들려 주십시오."

④ 답에 대한 재질문

"구체적으로 어떤 것을 들수 있습니까?"

3) 질문할 때의 주의사항

① 질문의 타이밍을 생각한다.

② 유도적인 질문은 삼간다.

③ 특정인에게만 질문하지 않는다.

④ 1회 1문을 원칙으로 한다.

⑤ 같은 질문은 되풀이 하지 않는다.

⑥ 공격적인 질문은 하지 않는다.

⑦ 빠져나갈 구멍을 마련해 준다. "갑자기 그런 질문을 받아서 대답하기 어렵다면 나중에 듣기로 하지요"

4) 질문을 받을 때의 주의사항

① 어떤 종류의 질문이든 모두 받아들인다.

② 질문에 강하게 반문하지 않는다.

③ 질문자를 몰아 세우지 않는다.

④ 질의응답은 논쟁과 다르다는 점을 안다.

즉, 침착하고 조용한 어조로 내용이나 생각의 차이를 지적해

주거나 질문자의 심리를 분석하여 거기에 따뜻하게 답해주는 것이 필요하다.

5) 강사의 질문에서 유의할 점

① 학습계획에서 이탈된 질문을 하지 않도록 해야 한다.

② 질문을 몇사람에게만 한정하지 말고, 가급적 많은 교육생에게 질문에 참가할 수 있도록 해야 한다.

③ 질문에 대한 답이 오답인 경우, 감각적 반응을 하여서는 안된다.

④ 질문은 교육생이 가진 경험이나 지식의 범위내에서 해야 한다.

⑤ 학습내용의 이해 여부를 확인하기 위하여 "질문이 있는냐?"는 식으로 물어서는 안된다. 흔히 교육생들은 이해하지 못한 경우에도 반응을 나타내지 않기 때문이다.

⑥ 교육생 상호간에 질문과 대답을 억제하여서는 안된다.

⑦ 강사가 어떤 방법의 해답을 원하는가를 분명히 지시해야 한다.(비교하라, 분류하라, 요약하라, 정의하라 등)

⑧ 질문은 원칙적으로 반복할 필요가 없으며 강사의 말을 잘 듣도록 강조해야 한다.

⑨ 강사는 교육생의 질문에 대답이 막혔을 때에 "모르겠으니 알아보겠다"는 말을 주저하지 말아야 한다.

6) 교육생의 대답에 대한 강사의 태도

① 기억을 요구하는 질문의 해답에 대해서는 곧 승인여부를 명백히 하며, 반성적 사고에 의한 해답의 경우에는 다른 교육

생에게 다시 지명하거나 토의하여 해결하는 것이 좋다.

② 시인된 해답에 대해서는 칭찬이나 격려를 하는 것이 좋다.

③ 교육생의 해답에 대해서 긍정적 태도를 갖는 것이 좋다.

④ 해답을 들으면서 교육생이 흥미와 사고과정을 발견하도록 하는 것이 좋다.

⑤ 해답에서 많은 교육생들이 범하는 일반적 오류를 알아내야 한다.

⑥ 불완전한 해답에 대해서는 강의실 전체에서 평가를 하며 시정하는 것이 좋다.

⑦ 교육생이 대답하는 도중에는 조언하지 않는 것이 좋다.

(11) 스피치의 원리

1) 강조법

말의 한 구절이나 전체는 보통으로 표현하고, 그중에서 가장 중요한 부분만을 강조한다.

"높은 산으로 뛰어 올라갔습니다"

그러나 강조엔 : '높임강조'와 '낮춤강조'가 있다.

"큰 사람과 작은 사람이 나란히 서 있습니다."

(3) (1) (2)

2) 띄어 말하기

의미상으로 한 어귀를 중심으로 띄어서 말하며 한 어귀 안에서의 낱말과 낱말을 붙여서 표현한다.

"가는 말이 고와야 / 오는 말도 곱다"

3) 감정표현

단순히 목소리만 내지 말고 말하려는 내용을 머릿속에 그리며 감정을 잡아 열성껏 표현한다.

"맨주먹으로 권총든 강도를 때려 잡았습니다."
(1) (2) (3) (4)

4) 소리의 원근법

멀리있는 상대에겐 목소리를 크게, 가까이 있는 상대에겐 목소리를 작게 한다.

5) 동격의 표현

동격 표현은 앞의 것보다 뒤의 것을(90%) 강조하되 의미상으로 부득이 한 경우엔 그 타당성에 우선을 둔다. 즉 듣는 교육생은 강의하는 강사와는 달리 강조점만 듣는다.

"자유가 아니면, 죽음을 달라"

3. 교수 계획법(교안 작성법)

(1) 교수계획이란?

무슨 일을 하든지 그 일을 시작하기 전에 효과적인 수행을 위한 계획이 필요하다. 조직적이고 치밀한 계획은 그 일의 성패를 좌우하는 절실하고도 긴요한 요소가 된다.

훌륭한 변호사는 법정에서 변론하기 전에 담당사건을 연구하고 수많은 자료를 수집, 분석하여 합리적이고 보편 타당한 변론을 위해 상당한 시간을 소비하고, 감화력이 있는 성실한 목사는 즉흥적으로 설교를 하지 않고 몇날 몇일을 묵상하여 준비하고 사전에 설교를 계획하고, 유능한 축구 코치는 모든 경기에 앞서 작전을 계획하고 그 팀이 작전을 잘 운용하고 짜임새있는 게임 운영을 하는데 많은 시간을 소비하여 숙달시킨다. 이와 같이 유능한 강사는 효과적인 학습을 진행하기 위해 각 학습분야의 준비를 위해 많은 시간과 노력을 한다.

교수계획이라 하면 특정한 교육의 과목 내용을 어떻게 실제로 옮겨놓는가 하는데 대한 계획을 말한다.

교육은 바람직한 변화를 위한 의도적인 노력이므로 강사의 성실한 교수계획은 강사 자신의 자신있는 강의진행과 교육생에게 훌륭한 학습성과를 거두게 하기 위해 절실히 요청되는 것이다.

강의를 효율적으로 운영하기 위해서 강사는 교육생의 능력과 이익에 도움이 되는 태도의 변화를 유발시키는 행위를 선택하고 기획하여야 한다. 이러한 준비가 교수계획의 본질이다.

교육생의 학습은 주로 교육생의 능력과 흥미에 적합한 행동을 면밀히 선택하여 분담시키고 이를 체계화해야 한다.

- **교수계획에 있어서 강사는 다음 7가지의 중요한 단계를 거쳐야 한다.**

제 1 단계: 학습목적 설정
제 2 단계: 학습성과 설정
제 3 단계: 자료수집
제 4 단계: 교육방법의 선정
제 5 단계: 교안 작성
제 6 단계: 교육 보조자료 수집
제 7 단계: 강의 연습

(2) 학습목적의 설정

학습목적이란 강사가 교수활동을 통해서 교육생에게 습득 시키고자 하는 바를 명확하게 하는 계획을 말한다. 강사는 학습목적을 명확하게 함으로써 해당과목의 교육지침과 방향을 설정할 수 있고, 효과적인 교육과 목적달성을 위한 자료수집과 교육방법을 선택할 수 있다.

구성 요소

1) 목표

교육생에게 습득되어지는 지식의 수준과 기대되는 행동의 변화로서 학습 목적의 핵심이 되는 부분이다.

2) 주제

강의제목으로서 목표를 달성하기 위한 과목의 테마를 말한다

3) 학습정도

① 인지

정서적 반응을 테마로 하는 과목의 학습정도에 적합하며 어떤 사실이나 관념을 광범위하게 감지하거나 인지하는데 필요한 학습정도이다.

② 지식, 기억, 언어, 상징적 기억

어떤 사실의 기억, 언어, 상징적 기억의 회상을 위한 수학의 학습정도에 적합하고 광범위한 학습을 위한 기초적인 학습정도이다.

③ 이해

개념이나 이상의 이론적 배경을 알고 다른것과의 관계에 대한 장단점, 인간관계 비교, 결론 등을 포함할 정도의 관계를 말한다.

④ 적용

사실적 문제를 해결하거나, 추리, 분석하는데 개념 또는 원리를 적용하거나 사실을 이용할 수 있는 정도의 단계를 말한다. 신체적 행동학습이나 기술 혹은 실습을 요하는 학습에 적용되며 학습에 있어서 최고도의 단계이다.

(3) 학습성과의 설정

학습성과란 교육생들이 알아야 할 목표를 교육생에게 습득시키고자 하는 수준까지 이르게 하는 내용으로 학습목적을 향한 학습과정, 즉 학습진행 단계의 안내를 말한다.

구성 요소

1) 개요
학습내용으로서 학습전반에 관계되어지는 지도를 말한다.

2) 학습정도
주제를 어느 정도의 범위와 내용으로 습득시킬 것인가 하는 사실을 말한다.

(4) 자료 수집

강사는 학습성과를 제고하기 위한 방법의 일환으로 학습 내용에 따른 사실적이고 광범위한 자료를 수집 활용함으로써 충실한 교안을 작성할 수 있다.

(5) 주제의 연구와 교육방법의 선정

강사는 학습진행의 사전 준비중에서도 특히 학습준비를 철저히 연구하여 파악함으로써 기대되는 학습성과에 맞는 교육방법을 선정할 수 있다.

1) 자료 수집

2) 교육방법의 선정

(6) 교안 작성

"판사는 판결문으로 말한다."는 이야기가 있다. 마찬가지로 강사는 교안으로 강의하고 교안으로 말하는 것이다. 강의에 자신이 없는 강사는 대개가 그 이유를 타고난 말재주가 없어서 그렇다고 확신(?)하는 것같다. 그러나 그것이야말로 핑계요 변명이며 넌센스다. 물론 메모 쪽지 한장없이, 그것도 전혀 생소한 주제를 가지고 즉석에서 두어시간에 걸쳐 훌륭하게 강의를 하는 강사도 있다. 그러나 그러한 천부적 언변과 순발력있는 두뇌의 소유자가 과연 몇사람이나 있겠는가.

강의를 못하는 강사에게는 하필이면 그런 특수한 사람들만 안중에 들어오는지 알다가도 모를 일이다.

강의는 '재주'로 하는 것이 아니라 교안으로 하는 것이다. 타고난 재주가 있다면야 좀더 편리하기야 할 것이나 그 '편리함'이란 교안과 노력으로써 충분히 커버하고도 남음이 있다. 이제부터는 재주만을 탓하기 보다 어떻게 하여 훌륭한 교안을 만들것인가에 더 많은 관심을 기울이는 게 좋다.

1) 교안의 의의

강사가 교육생을 지도하는 교수활동의 기반이 되는 학습 지도안으로서 교수활동의 단계 및 내용을 자세히 기록하여 놓은 것이다. 강사는 교안을 작성함으로써 다음과 같은 이득을 얻을 수 있다.

① 자신감을 가질 수 있다.
② 작성중 자신도 배울 수 있다.(가르치는 것이 배우는 것이다.)
③ 효과적인 강의를 전개할 수 있다.
④ 강의시간 관리를 잘 해 낼 수 있다.
⑤ 교수활동의 일관성을 유지할 수 있다.

2) 교안 작성상의 유의점

① 구체적

교안은 구체적으로 작성되어야 한다. 아무리 암기력이 뛰어난 사람이라 할지라도 교수할 내용이라면 다 교안 속에 기록되어야 한다. 사소한 내용이라든가, 몇번씩이나 사용한 적이 있어 충분히 기억하고 있는 이야기들까지 귀찮게 교안에 적을 필요가 있는가 하고 말하는 강사도 있지만, 일단 강의할 내용이라면 그 시간에 이야기할 내용을 모조리 사전기입함으로써 충실하고 여유있는 강의를 할 수 있다.

② 명확성

교안은 명확하게 볼 수 있도록 깨끗하여야 한다. 강사 자신이 교수 활동중 교안을 쉽게 보고 식별할 수 있도록 글씨를 또

박또박 크게 기록 작성하여야 한다.

③ 실용성

교안은 교수활동에 실질적으로 사용될 수 있도록 작성 되어야 한다. 학습내용이며 배열이 교수활동을 효과적으로 수행하도록 이루어져야 하며 교안내에 포함되는 모든 정보는 교수활동에서 전달되는 것을 전제로 하기 때문에 교수활동의 실시 순서대로 작성하여야 한다.

④ 평이성

교안은 쉽게 작성되어야 한다. 교육생의 수준을 고려하여 애매한 언어는 사용을 피해야 하며, 자신도 이해하기 어려운 용어나 내용을 기재함으로써 강사 자신이 학습 진행중 당황하거나 강사의 위신 및 신뢰성을 상실하는 일이 없어야 한다.

⑤ 논리성

교안은 논리적이고 체계적으로 작성되어야 한다. 교안의 내용서술은 곧 강의와 마찬가지다. 그러므로 객관적이고 보편타당성이 있어야 하며 체계적이어야 한다.

3) 교안의 구성

• 교안은 도입, 전개, 종결 3단계로 구성된다.

① 도입단계

도입단계는 교육생과 강사간의 공통된 기반을 형성하는 단계이다. 교육생 집단의 주의력과 관심을 포착 제시해서 학습분위기를 형성하고 더 나아가서는 수업의 전개 방향을 제시하는 매우 중요한 단계이다. 도입단계를 다시 세분하면 교육생으로 하여금 학습에, 즉 주어진 문제에 대한 주의를 집중시키는 주의집중단계와 문제를 해결하고 배워야겠다는 학습동기를 유발시키는 동기부여단계가 있으며 수업의 전개방향을 제시해 주는 학습개요의 단계가 있다. 다음에 타과목 또는 과정과의 관련성을 주는 단계로 이루어지며 총학습 시간의 약 15%를 점유한다.

② 전개단계

전개단계는 도입단계에서 제시된 학습개요의 순서에 따라 문제를 구체적으로 설명하고 입증하며 규명하는 단계이다.

- **이 단계에서 강사의 유의사항은 다음과 같다.**
  - 내용조직이 논리적으로 체계화되어 설명할 수 있어야 하는데 쉬운 것으로부터 시작하여, 어려운 것으로 진입하여야 한다. 예를 들면 상품에 대해 설명 하기에 앞서, 상품의 기초이론을 설명하고 난 다음에 유도하는 것이다. 그러므로 역사학적인 것은 과거에서부터 현재로 조직하고, 세법해설 등 수리적인 것은 간단한 내용으로부터 시작하여 복잡한 내용으로 조직하여야 하며, 판매화법 등의 내용조직은 기지의 사실에서 미지의 사실 순으로 조직하여야 합리적인 체계가 이루어진다.
  - 부차적인 점을 강조해서 중요점을 희미하게 하지 말아야 한다.
  - 주제의 연결단계가 '유연'하여야 한다.
  - 중간 동기여부를 반드시 계획하여야 한다.
  - 전개단계 마지막에 질의응답시간을 마련하여 교육생의 의

문점을 해소시켜 주어야 하며 또한 강사가 질문을 하여 교육생 이해도를 측정할 수도 있다.

• 전개단계에서는 필히
  - 설명단계 …… 〈해설〉
  - 시범단계 …… 〈중요한 내용을 강조〉
  - 실습단계 …… 〈시행〉
  - 감독단계 …… 〈관찰〉
  - 평가단계 …… 〈효과적인가의 여부〉를 반복적으로 행하여야 한다.

※전개단계는 시간상으로 총학습 시간의 약 75%를 점유한다.

③ 종결단계

종결단계는 지식을 종합하는 단계이다. 전개단계에서 검증하고 설명되어진 사실들을 요구하는 단계이다.

- **여기서 주의하여야 할 사항은 다음과 같다.**
  - 전개단계에서 언급되지 않은 새로운 사실을 유발해서는 안된다.
  - 슬라이드나 챠트 등으로 요약하면 좋다.
  - 질문을 통해서 요약하는 것도 좋은 방법이다.
  - 긴 시간을 사용하여 지루하게 하지 않는다.
  - 종결단계의 첫 단계인 요약 즉 복습단계에서는 전개단계에서 설명된 많은 내용중 특히 강조할 만한 내용만 간추려서 강조하면 좋다. 종결단계에서 요약 다음으로는 재동기부여 단계이다. 여기서는 학습한 내용이 과연 중요한 것이고 필

요한 것이었다는 점을 깨닫게 하여 학습내용의 기억을 돕고 다음 과목과의 관련성을 이해하게 하는 것이다.

- 끝으로 강사는 자신의 학습과정에 참석한 교육생들에게 감사의 표시를 하고 참고서적도 소개하고 개인적인 이야기 등을 할 수 있다.
- 이렇게 교안의 내용구성을 맺게 되는 것이 종결단계의 마지막 결어단계이다.
- 종결단계는 총 학습시간의 약 10%를 점유한다.
- 강사는 어느때나 학습준비를 하는 과정에서 위에서 열거한 바와같이 3단계로 나누어 철저한 교안을 작성토록 노력하여야 한다.

4) 교안의 요약

① 도입
- 주의집중
- 동기부여
- 학습개요

② 전개

③ 종결
- 요약(질의응답)
- 재동기부여
- 결어

5) 교안의 형태

① 교안의 종류

• 백지식 교안 : 문제 해법식에 적합하다.
  - 문제와 조건을 구비해 주고, 질문과 답변을 학생들 자신이 하게 하고 강사는 질문에 응하기만 하면 된다.

교육내용 (강사의 활동 · 강의내용)

  - 구체적인 문제진술과 사실제기의 방법이 고도화되어야 하며 학생의 자질이 상당한 수준에 도달하지 않으면 안된다.
  - 사고내용, 조직력이 활발해지고 참여의식과 창의성이 개발된다.
  - 경영자 및 관리자 교육에 적합하다.

• 이난식 교안 : 강의식 교안에 적합하다.

교육내용 (교수활동)	보조자료 사용계획 (유의점)

  - 학습정도가 이해를 목적으로 하고 짧은 시간에 많은 내용을 전달하는 경우에 적합하다.
  - 기능, 태도, 감상 등의 내용에 대한 주제에는 적합치 않다

• 삼난식 교안 : 유도식 교안에 적합하다.

학습성과	교육내용 (교수활동)	보조자료사용계획 (유의점)

- 예상 결론이 있고 문제의 해결을 피교육자가 하고 질문은 강사가 하는 방법으로 강사도 토론에 참가하여 학습진행을 하는 방법에 적합하다.
- 각 질문에 대해 예상되는 답변을 사전에 예측하고 그에 대한 질문으로 학습효과를 거두기 위한 방향으로 유도하여야 한다. 따라서 철저한 학습 준비가 필요하다.
- 노력에 대한 성과가 적을 수 있으므로 경험있는 강사가 주도하여야 한다.
- 직장인의 자세 및 Salesman ship 등의 교육에 알맞다.

• 사난식 교안 : 시범 실습식에 적합하다.

항목	시간 및 방법	교육내용 (교수활동)	비 고 (피교육생의 활동)
			1. 강사의 활동 2. 보조강사의 활동 3. 교육자의 활동

- 전개단계에서 필히

㉠ 설명단계 :〈해설〉

㉡ 시범단계 :〈중요한 내용을 강조〉

㉢ 실습단계 :〈실행〉

㉣ 감독단계 :〈관찰〉

㉤ 평가단계 :〈효과적인가의 여부〉를 반복적으로 행하여야 한다

6) 교안 체크리스트

항 목	점 수	
	만 점	채 점
· 전체 내용이 주제를 확실히 부각시키고 있는가	10	
· 교육생의 폭소를 자아낼 유우머가 있는가. (50분당 5회 이상이면 만점)	10	
· 강의의 클라이막스가 잘 배분되어 있는가.	5	
· 논리의 전개가 자연스러운가.(무리가 있거나 억지는 없는가.)	10	
· 쉽게 접하기 어려운 특수한 경험담, 진기한 사례, 사실의 숨은 뒷이야기 등 교육생의 주의를 끌 요소가 적당히 포함되어 있는가.	10	
· 교안은 구체적으로 자세히 작성되었는가.	5	
· 강의 시간의 과부족에 적절히 대응할 예비내용이 준비되어 있는가.	5	
· 강사 특유의 해석, 주장, 논리가 있는가.	15	
· 전체내용이 교육생의 감탄과 공감을 불어일으킬 만한가.	15	
· 너무 난해하거나 저질스럽지 아니한가.	5	
· 강의 도중 교육생과 함께 참여할 부분이 있는가. (실습, 롤플레잉, 질의 응답 등)	5	
· 교안의 내용이 강사의 눈에 쉽게 들어오도록 잘 정리되어 있는가. (색도, 부호 등 사용)	5	
합 계	100점	

7) 교안모델

교　　　　안

교과목명:

과 정 명:　　　　　과정

강 사 명:

1.학습목적:

2.학습성과: 피교육생들은 다음 사항을 이해하여야 한다.

1)

2)

3)

3.타과목과의 관련성:

4.교육보조자료:

5.배 포 물:

6.준비사항:

7.참고서적:

서적명	저자	발행사	기 타

• 교수진행계획

본강의는 ○○식 교육방법으로 진행되며 도입○○분, 전개○○분, 종결○○분으로한다.

• 도입단계

• 전개단계

• 종결단계

교육(강의)내용	교육보조자료활용
도입( )	
1.주의집중 2.동기부여 3.학습개요	

교육(강의)내용	교육보조자료활용
전개(　　　　　　)	

교육(강의)내용	교육보조자료활용
종결( )	
1.요약 (질의 응답) 2.동기부여 3.학습개요	

4. 강의 평가

(1) 평가 요령

다음은 효과적인 학습활동의 적부를 반성하는데 좋은 계기가 될 것이다.

1) 준비

① 교수계획안

- 실천안이 자세히 짜여졌는가
- 교재연구는 어느 정도로 되어 있는가
- 계획의 분량과 시간배당은 알맞게 되어 있는가
- 교안의 내용과 교육생의 흥미, 욕구, 능력에 맞게 짜여졌는가

② 환경

- 교재교구는 어느 정도 준비되어 있으며 그 위치는 적당한가
- 구성된 환경과 실지 강의와의 관계는 어느 정도인가
- 소집단은 그 강의와 어느 정도로 관계를 가지고 짜여 졌는가
- 교재교구를 준비하는데 있어서 강사는 어느 정도로 창의성을 발휘했는가

2) 교육훈련활동

① 도입의 방법은 적당한가

② 도입에서 교육생의 욕구는 어느 정도 고려되었으며 교육생의 학습 의욕이 잘 유발되었는가

③ 도입에서 주활동·발전·평가로의 진행은 자연스럽고 서로 관련깊게 진행되었는가
④ 첫시간과 끝시간의 시간은 잘 지켰는가
⑤ 교안과 실지 강의와는 어느 정도 합치되었는가
⑥ 한 시간 끝에 그 시간에 학습한 내용을 요약하며 끝맺었는가
⑦ 강사는 열성있고 적극적으로 활동하며 책임을 완수하였는가
⑧ 지도방법이 교육생의 능력이나 수준에 적합하여 책임을 완수하였는가
⑨ 교수용어는 정확하며 교육생의 이해를 용이하게 하는데 적당하였는가
⑩ 판서는 정확하며 조리있게 계획적으로 잘 되었는가
⑪ 지도방법은 어느 정도 흥미를 북돋았는가
⑫ 교육생의 경험을 어느 정도 활용시켰으며 또 어느 정도 관계 깊게 지도하였는가
⑬ 강사의 언동은 교육생이 바라는 욕구를 충족시키고 있는가
⑭ 강사의 음성은 그 분위기가 교육생의 피로를 적게 함에 적당하였는가
⑮ 강사는 교육생의 의견을 어느 정도 존중하였는가
⑯ 강사의 위치는 적당하였는가
⑰ 강사는 학습에 있어서 안전성을 어느정도 보지하였는가(실험 등)
⑱ 교육생의 활동을 효과적으로 유발시켰는가
⑲ 교육생의 활동비율은 적절하였는가
⑳ 한 시간 안에 어느 정도 교육생을 활동시켰는가

㉑ 소집단활동에서 활동에 불참한 교육생중 실망자는 없었는가
㉒ 교육생의 자발적인 활동을 돕기 위하여 유의하였는가
㉓ 교육생의 답을 처리함에 있어서 그 인격을 존중하려 노력하였는가
㉔ 교육생의 답을 정확하게 잘 처리 하였는가
㉕ 교육생에 대한 질문의 방법은 적당하였는가
㉖ 교육생의 상호간의 협조는 어느 정도 이루어졌는가
㉗ 구성해 놓은 환경을 어느 정도로 이용하였는가
㉘ 소집단 활동은 그 강의에서 어느 정도 이용되었는가

3) 학습의 효과

① 학습이 강사가 바라는 바와 같은 결과를 맺었는가
② 교육생은 어느 정도 잘 이해하였는가
③ 강사가 계획한 목적이 달성되었는가
④ 강사가 택한 평가의 방법은 적당하였는가
⑤ 학습한 내용이 어느 정도로 실생활에 활용되도록 지도되었는가

(2) 강의 평가

1) 강의실습 강평 체크리스트

강의 일시 19 . . .	강의 교과목		강의실습 교육생명	

<table>
<tr><th colspan="3" rowspan="2">항 목</th><th rowspan="2">교수기법 및 강의내용</th><th colspan="2">점 수</th></tr>
<tr><th>만 점</th><th>채 점</th></tr>
<tr><td rowspan="12">강의내용</td><td colspan="2" rowspan="2">서론</td><td>• 주의집중 동기부여는 적절한가?</td><td rowspan="2">10</td><td rowspan="2"></td></tr>
<tr><td>• 강의개념을 숙지하고 있는가?</td></tr>
<tr><td rowspan="7">본론</td><td rowspan="4">내용의 구성</td><td>• 교재의 준비상태는 양호한가?</td><td rowspan="4">20</td><td rowspan="4"></td></tr>
<tr><td>• 강의 전개의 논리성은 양호한가?</td></tr>
<tr><td>• 예화 사용은 적절한가?</td></tr>
<tr><td>• 중요사항을 망라하고 있는가?</td></tr>
<tr><td rowspan="3">강의의 전개</td><td>• 강의 내용의 연결은 적절한가?</td><td rowspan="3">20</td><td rowspan="3"></td></tr>
<tr><td>• 질문, 판서, 시청각자료 활용은 적절한가?</td></tr>
<tr><td>• 강의 전개시 시간 배분은 적절한가?</td></tr>
<tr><td colspan="2" rowspan="3">결론</td><td>• 중요사항의 요점정리는 적절한가?</td><td rowspan="3">10</td><td rowspan="3"></td></tr>
<tr><td>• 재동기부여는 적절한가?</td></tr>
<tr><td>• 마지막 결언은 효과적인가?</td></tr>
<tr><td rowspan="9">강의기법</td><td colspan="2" rowspan="3">태도</td><td>• 표정, 시선처리는 적절한가?</td><td rowspan="3">20</td><td rowspan="3"></td></tr>
<tr><td>• 제스처는 적절하게 사용하는가?</td></tr>
<tr><td>• 복장 및 자세는 바른가?</td></tr>
<tr><td colspan="2" rowspan="4">표현력</td><td>• 알아듣기 쉽게 설명하는가?</td><td rowspan="4">10</td><td rowspan="4"></td></tr>
<tr><td>• 음의 고저와 속도는 적절한가?</td></tr>
<tr><td>• 표준어를 사용하는가?</td></tr>
<tr><td>• 습관적인 불필요한 어벽은 없는가?</td></tr>
<tr><td colspan="2" rowspan="2">진지성</td><td>• 의욕과 자신감(박력)이 있는가?</td><td rowspan="2">10</td><td rowspan="2"></td></tr>
<tr><td>• 성의(열의)를 느끼게 하는가?</td></tr>
<tr><td colspan="4">계</td><td>100</td><td></td></tr>
</table>

※ 장점	※ 개선점

2) 강의 실습시 강사 자기반성 체크리스트

강의 일시 19 . . .	강의교과목		강의실습 교육생명	

항 목	교수기법 및 강의내용	점 수				
		A	B	C	D	E
1. 준비단계	①강의 연구는 충실하게 하였는가?					
	②교육생 파악은 정확하였는가?					
	③교육목표에 적합한 교육계획을 수립하였나?					
	④필요한 교육자료의 준비는 잘 하였나?					
	⑤복장과 용모에 신경을 기울였는가?					
2. 강의단계	①왕성한 학습의욕을 갖도록 동기유발을 잘 하였나?					
	②교육생의 흥미와 능력을 잘 파악하여 활용하였나?					
	③개인차에 의한 지도는 다하였는가?					
	④언어가 분명하고 음성의 고저와 완급은 적당하였는가?					
	⑤내용전달과 진행방법은 만족할만 하였나?					
3. 종결단계	①요약과 종결효과를 잘 하였나?					
	②이해도 측정을 위한 조치는 취하였는가?					
	③업무활동에 도움이 되는 방법을 전달하였나?					
	④질의 응답 시간은 적절하였는가?					
	⑤시간 배분안					

※ 만족한 점	※ 반성해야 할 점

사례1 | 마음문을 여는 인사예절

- 자기 소개

  안녕하십니까? 방금 소개받은 ○○○ 입니다.
- 판　서

  - 주제　　　　　　　　　　- 성명

Ⅰ. 도　입

1. 주의 집중

저는 오늘 이 강의장에 들어오기전 교육진행을 맡으신 ○○○선생님의 인사하시는 모습에 큰 감동을 받았습니다.

2. 동기부여

인사의 유래는 원시시대에 원수가 아니라는 신호에서 유래되었다고 합니다. 만약 조직생활을 하면서 인사를 하지 않는다면 좋은 인사발령을 받을 수가 있겠습니까?

저는 인사는 곧 인사발령이라고 생각합니다.

3. 학습개요

그러므로 저는 이 시간에 마음을 여는 인사예절이라는 주제로 인사의 필요성, 종류, 방법 등에 대해 약 2시간 동안 이론과 실습을 겸하여 여러분께 도움을 드리고자 합니다.

Ⅱ. 본 론

(생략)

Ⅲ. 종 결

1. 재요약

이상에서 말씀드린 바와 같이 인사는 원수가 아니라는 신호에서 유래되어 현대사회에서는 섬김의 자세, 환영의 표시, 신용의 상징으로 되어 있습니다. 상황에 알맞게 인사의 5원칙을 실천하면서 성공적인 직장생활을 하시기 바라며…

2. 재동기 부여

현대예절 분야의 최고의 권위자이신 김진익 박사님은 "인사는 3,000만원 짜리 적금통장과 같다고 말씀하셨습니다." 인사 잘하면 상사로부터 사랑받고 고객을 감동시킬 수 있어 IMF 위기를 극복하는 데 활력소가 될 수 있습니다.

3. 결어

인사는 인사발령입니다. 배우신대로 인사 잘하여 승진된 모습으로 다음 기회에 다시뵙게 되기를 기대하면서 이상으로 저의 강의를 마치겠습니다. 감사합니다.

사례2 고객감동 친절서비스 혁신

- 자기 소개

  안녕하십니까? 방금 소개받은 ○○○ 입니다.
- 판 서

  - 주제 - 성명

Ⅰ. 도입

1. 주의 집중

인류 최초의 1세기가 1초와 맞먹고 0.01초 0.01%가 승패를 가늠하는 초정밀 스피드 시대에 다른 일보다 우선하여 친절 서비스에 많은 관심을 가지고 이 자리에 참석해 주신 여러분 정말 고맙습니다.

2. 동기부여

빌게이츠는 사람이 생각하는 속도가 빛보다 10배나 더 빠르다고 말했습니다. 어제의 신식이 오늘에는 구식이 되어 버리고 고객의 심리가 매순간 변하는 이때에 변하지 않으면 영원한 낙오자가 되고 새로운 돌파구를 찾는 자만이 살아남게 될 것입니다. 위기는 위험과 기회의 복합어입니다. 우리는 위험한 고비를 기회로 삼아야 합니다.

특히 이 어려운 기업경영 여건 속에서 기업경영은 고객이 없으면 물 없는 고기와 다를 바 없고, 공기 없는 세상이나 다를 바 없다고 생각합니다.

상품은 어느 회사 제품이나 대동소이하므로 만족 이상으로 갈 수 없습니다. 그러나 친절서비스는 사람의 마음먹기에 달려 있기 때문에 고객을 감동, 감격, 감탄 이상도 시킬 수 있습니다. 그래서 미국의 CS 경영의 전문가인 바바라 글랜즈 씨는 평생고객을 확보하려면 고객을 감동시켜야 하고 고객감동은 친절서비스가 뿌리 되어야 한다고 했습니다.

3. 학습개요

그러므로 저는 이 시간에 고객감동 친절서비스 혁신이라는 주제로 나의 고객은 누구인가? 고객감동이란 무엇인가? 친절서비스의 본질, 특성, 종류, 제공 시스템 등을 함께 연구해 보며 고객감동 친절서비스의 새로운 전략을 수립하는데 많은 도움을 드리고자 합니다.

Ⅱ. 본 론

(생략)

Ⅲ. 종 결

1. 재요약

이상에서 살펴본 바와 같이 고객은 내부고객, 외부고객, 매개고객으로 구분하고 고객에게 물질적으로는 만족, 인간적으로는 감동시켜야 한다는 것을 명심하시기 바랍니다.

감동은 고객이 묻기전에 알아서 서비스를 제공하는 것입니다.

감동의 꽃은 무엇이라고 말씀드렸습니까?

예, 그렇습니다. 밝은 표정과 칭찬입니다.

진실의 순간은 몇초라고 말씀드렸습니까? 예, 15초입니다.

서비스의 3대 특성은? 동시성, 소멸성, 무형성이라고 말씀드렸습니다. 그리고 친절은 누구에게 잘하는 것입니까? (남에게)

어떻게 잘하는 것입니까? (보상을 바라지 않고)모두 잘알고 계시는군요? 정말 고맙습니다.

2. 재동기부여

지난번 미국 포춘지에 서비스에 자신이 없으면 기업을 하지 말라고 하였습니다. 친절서비스는 마음만 먹으면 돈들이지 않고 고객을 감동시킬 수 있는 소중한 열쇠입니다. 고객접점마다 진실의 순간을 생각하며 고객에게 호감과 기쁨을 주고 고마움을 느끼게 하는 정성된 마음가짐과 몸가짐을 항상 갖추었으면 평생고객을 확보할 수 있습니다. 고객 감동으로 위기를 기회로 삼아 영원히 생존하는 기업을 만들어 나가시기를 바랍니다.

3. 결 어

위기는 기회입니다. 기업의 맹구가 되지 말고 '나는 할 수 있다', '하면 된다', '해보자'는 도전적이고 창조적인 정신을 가지고 이 자리에 참여하신 여러분이 변화의 주도자가 되어 주신다면 마치 연못에 돌을 던지면 파장을 일으키듯이 여러분의 친절 서비스가 지구촌 고객을 감동시킬 수 있으리라 확신하면서 이상으로 저의 강의를 모두 마치겠습니다. 감사합니다.

사례3 현대인의 감동주는 이미지 메이킹

• 자기 소개

안녕하십니까? 방금 소개받은 ○○○ 입니다.

• 판 서

- 주제 - 성명

Ⅰ. 도 입

1. 주의 집중

저는 오늘 이 교육장에 처음 들어오는 순간 예쁜 꽃밭으로 들어 오는 것같은 이미지를 느꼈습니다. 모두가 통일된 유니폼에 환한 웃음으로 반겨주시니 지금까지 수많은 곳에서 강의를 하고 다녔지만 이 순간 이미지는 잊지 못할 것 같습니다.

2. 동기부여

현대사회는 이미지의 사회라고 합니다. 이름만 들어도 영원히 기억되는 것이 바로 이미지인데 이미지가 나쁘면 기업에서는 고객을 잃게 되고, 대인관계에서는 친구를 잃게 되며, 가정에서는 이웃을 잃게 되는 것입니다.

여러분의 이름을 다른 사람들이 들었을 때 한폭의 그림처럼 영원히 기억되고 있는지 한번 생각해 보았습니까?

여러분은 어떤 이미지를 갖고 싶으신지요?

3. 학습개요

그러므로 저는 이 시간 현대인의 감동주는 이미지 메이킹이란 주제로 이미지의 유래, 이미지 메이킹의 5단계, 이미지 전달의 5원칙, 글로벌 슈퍼 이미지 메이킹 등에 대해 이론과 실습을 통하여 새로운 이미지메이킹의 비결을 찾아 성공하는 직장인이 되는데 도움이 될 수 있도록 최선을 다하겠습니다.

Ⅱ. 본 론

(생략)

Ⅲ. 종 결

1. 재요약

지금까지 말씀드린 내용 중에서 혹 질문사항이 있으시면 질문해 주시겠습니까?

질문사항이 없으시다면 이미지 메이킹에 대해 다시한번 요점정리를 해 드리겠습니다. 이미지는 이름을 듣는 순간 모든 것이 한 폭의 그림처럼 언제 어디서나 머릿속에 떠오르는 것입니다. 이를 위해 이미지 메이킹의 5단계인 첫째, Know Yourself 둘째, Develop Yourself 셋째, Package Yourself 넷째, Market Yourself 다섯째, Be Yourself라고 말씀드린 것을 기억해 주시기 바랍니다.

일상 생활속에서 남에게 자신의 모습을 보여줄 때는 일곱편의 비디오를 찍어보고 그 중에서 제일 잘된 장면을 보여주면서 최우수 주연상을 받을 수 있는 모습을 갖추고 있어야 한다고 생각합니다.

2. 재동기부여

이미지는 신용평가의 척도입니다. 개인이든 조직이든 이미지가 얼마나 중요한 것인지를 아셨으리라 믿습니다. 그러면 이미지 메이킹이 잘된 최우수 주연상을 받을 수 있는 모습을 한번 보여주시겠읍니까? 여러분은 2시간 전의 모습이 아닙니다.

3. 결 어

예! 정말 많이 변한 좋은 이미지를 느낄 수 있습니다.

이 모습 영원히 기억하면서 최고의 모습으로 모든 사람에게 성장의 모델이 되시고 항상 어디에 계시더라도 생명의 꽃과 같은 이미지를 창조 하셔서 지구촌 모든 생명체가 여러분들의 꽃입속에 1초만 머물러도 행복을 얻어 갈 수 있는 영원한 이미지의 주인공이 되시기를 바라면서 이상으로 저의 강의를 마치겠습니다. 감사합니다.

강사 소개

이 시간은 ____________________ 주제로 김진익 박사님께서 강의를 맡아 주시겠습니다.

박사님께서는

고려대학교 교육대학원, 성균관대학교 유학대학원을 졸업하시고 美리전트대학교에서 리더십 박사, 美버나딘대학교에서 교육학박사 학위를 취득하였으며,

주요경력으로는

美 GLOBAL ASSOCIATES 인사과장,

동아그룹 교육원장,

사단법인 한국 전례원 부총재

대전대 교수를 역임하신 후

현재 한세대학교 교수, 글로벌문화개발원 원장을 겸직하고 계십니다.

저서로는

「지구촌 신예절」, 「국제 매너 · 에티켓」, 「신시대 신예절」, 「순간의 고객감동비결」, 「친절도우미 감동교육비결」 등 다수가 있으며,

특히

93년 한국산업교육대상,

95년도 한국산업교육 명강사대상,

98년도 한국산업교육대상,

2002년도 문화시민교육 우수교수상 수상을 수상하셨습니다.

그럼 교수님을 박수로 모셔주시기 바랍니다.

강사 소개

이 시간은 ____________________주제로 _________강사님께서 강의를 맡아 주시겠습니다.

강사님의 학력은 ______________________

______________________이시고

주요 경력으로는 ______________________

____

현재 ______________________

______________________하고 계십니다.

(재직 중이십니다.)

강의 경력으로는 ______________________

______________________있으시며

저서로는 ______________________

______________________있으십니다.

특히, ______________________

______________________하셨습니다.

그럼 강사님을 박수로 모셔주시기 바랍니다.

친절 도우미 전문 강사 사명서

친절 도우미 전문 강사로서의 역할을 다하기 위하여 다음과 같이 나의 사명을 선언하고 실천할 것을 내 자신에게 다짐한다.

19 년 월 일

위본인:

5. 교육진행과 준비물

1) 교육진행 순서

항 목	내 용	세부내용	비고
1. 교육 준비	1. 연수일정 확정	• 월간 연수일정을 확인, 조정한다. • 교재 미제작시 한달 전 제작 의뢰	
	2, 교육실시 공문 발송	• 장소 및 입교시간, 인원, 시간표 등 교육실시 공문 발송 • 외부강사 초빙시 강의 의뢰서 발송 (원고 사용시는 교재삽입 위해 발송 의뢰)	
	3. 교육 프로그램 및 장소, 인원 확인	• 시간표, 강사 일정관리(강의 시간 확인) • 과정 참여인원 정확히 파악(유선문의) • 교육장소 확인	• 교육 1주일전 예약 준비
	4. 교육 소모품 준비	• 교육생 명단(배포용 및 진행용), 등록카드 • 교육 시간표 • 교재 및 노트, 볼펜, 기타 문구류 • 명패, 명찰, 프랭카드 • 강의 녹음용 Tape(외부강사 강의시 준비) • 기념 촬영용 카메라, 필름 • 외부강사, 프로필, 과정진행 현황판 • 강의장 안내문 • VTR, TV(필요시 준비) • OHP • 설문지 및 평가문제지(필요시 출석부 준비) • 숙소 및 연수복 준비	
	5. 강의장 setting	• 강의장 점검, 교재 및 문구류, 명패를 배열 - 프랭카드 창문커튼 중앙에 핀으로 고정 - 강의형태 확인:토의식, 강의식 책상배열 - 문구와 교재는 책상의 하단에 set - 명패는 책상 중앙상단에 set - 태극기는 교단 좌측에 위치 - VIP 및 강사 좌석은 교육장 좌측에 위치	의자 2~3개 준비

항 목	내 용	세부내용	비고
		- 진행자는 단상 좌측 앞에 교수대와 마이크 준비(입교식, 수료식, 강사 소개시 이용) - 커피 및 음료, 문구는 교육장 뒤편에 깨끗하게 정리 - 교육생 접수대는 강의장 뒤편 입구에 준비	본인란 직접 성명
2. 교육 진행	1. 교육생 입교 접수	• 교육생 명단에 접수 확인 서명 • 합숙교육시 방 배정과 연수복 지급(피복실) • 접수 후 숙소에 짐을 풀고 난후 강의장에서 오리엔테이션 실시 • 선출된 학생장과 같이 인사 연습 • 오리엔테이션이 끝나면, 입교식을 진행 • 입교식 종료 후 기념사진 촬영 • 등록카드를 작성하게 하고 이를 수거(주소록 작성과 긴급연락처 확보) • 수업전까지 휴식(강사님께 정확한 시간엄수 부탁)	4단계 인사
3. 교육중	1. 강의진행 이상 유무 확인	• 강의 진행전에는 마이크 상태, 흑판, 분필(마카) 등을 점검.(외부 강사시 녹음 Tape 준비) • 대내외 강사의 소개로 수업을 시작하며 학생장에게 교육 분위기를 살릴 수 있도록 유도 • 강의 진행시에는 휴식 시간을 이용하여 강의장 정리상태 및 교육생과의 면담을 통해 강의에 있어서의 불편함을 최소화 한다. • 커피와 음료 등을 적절히 공급하여 강의 시간에 도움이 되도록 유도	
	2. 외부강사 초빙시	• 외부강사 초빙시는 강사 도착시 현관에서 안내하여 진행실에 대기후 음료 접대 • 최초 회사 방문 강사에게는 교육원에 대하여 간략히 소개 • 강사에게 과정 소개 내용물로 간단한 브리핑(과정 목적, 교육생 수준, 일정, 초빙의도) • 강의종료시 강사료를 지급 후, 영수증에 서명을 받는다.	

항 목	내 용	세부내용	비고
		• 강의 참여에 대한 감사표시, 배웅(차기 강의 의뢰시 도움 부탁) • 녹음된 강의 내용은 강의 주제 기재후 보관	
	3. 숙박시	• 숙박시는 외출, 외박시 규정에 의함을 공지하고, 반드시 절차에 따라 하도록 한다. • 야간학습은 가급적 자율적으로 운영토록하고, 오후 8:00경 간식을 지급한다.(당직자가 있을시 당직자가 지급) • 오후 10:00시 일석 점호를 실시하고, 인원 이상 유무를 확인한다.(음주, 도박 여부를 철저 확인) • 오전 06:00시 일조 점호 행사를 실시한다.(인원 점검, 체조, 예절 훈련) • 오전 07:50까지 강의장 입실해야 함을 알리고 하루의 일정 소개	
	4. 과정 수료준비	• 수료증 번호 대장에 번호 기재후 MISS-TRAINY에 입력한 다음 수료증과 수료증 대장 출력 • 간인으로 수료증 검인 • 평가지와 답안지 및 설문서 준비 • 학생장, 증정품 준비 • 기념 사진 준비	
4. 교육 종료	1. 평가 및 설문작성	• 교육종료 후 평가지를 배부하고 평가완료 후 설문지 작성 • 평가 종료 후 수료식 진행(학생장 수료증, 수료증 커버, 기념품 준비) • 수료증과 주소록 및 기념사진을 배부	
	2. 정리 및 보고	• 교육생들에게 교육 마무리후 귀가 조치 • 설문서와 평가지를 정리, 결과 산출후 종합 보고 • 결재를 받은 서류는 보관철에 보관 • 다음 과정 준비	

2) 교육 준비물 체크리스트

No	품명	수량	준비	점검	비고	No	품명	수량	준비	점검	비고
1	볼펜					26	교육품의서				
2	연수노트						(시간표, 예산)				
3	전지					27	배차 계획서				
4	갱지					28	체크리스트				
5	색지					29	선서문				
6	켄트지					30	결의문				
7	칼					31	입소식 나레이션				
8	자					32	퇴소식 나레이션				
9	칼라펜					33	과정소개 OHP				
10	칼라사인펜					34	강사소개 나레이션				
11	유성매직					35	교육생 수칙				
12	OHP(네임펜)					36	연수일지				
13	OHP필름					37	교육진행일지				
14	수정액					38	교육생 명단				
15	스카치 테이프					39	조편성 명단 및 양식				
16	청테이프					40	숙소배치 명단 및 양식				
17	마스킹 테이프					41	교안				
18	압핀, 클립, 핀					42	교통비 지급대장				
19	호츠키스					43	인주				
20	펀치					44	출장명령서양식				
21	풀					45	출장확인도장				
22	가위					46	숙소 명패 및 용지				
23	명찰내지					47	강사료 지급 영수증양식				
24	명찰외피					48	교재				
25	명찰핀					49	부교재				

No	품명	수량	준비	점검	비고	No	품명	수량	준비	점검	비고
50	유인물					76	우표 · 엽서				
51	제품 전단지					77	봉투(대 · 중 · 소)				
52	설문지					78	악기				
53	평가지					79	가요집				
54	평가기준					80	교통안내 책자				
55	실습제품					81	회사비상연락처				
56	실습용품					82	공테이프				
57	시상품					83	카메라 필름				
58	숙소용제품					84	건전지				
59	진열제품					85	호루라기				
60	방향표시지					86	종이컵				
61	진열장					87	회사 법인카드				
62	연수복					88	의약품				
63	지시봉					89	교육 기자재				
64	과정현수막(실내외)					90	개인명패 및 용지				
65	구호 현수막					91	기념품				
66	행동규범										
67	제품 포스터										
68	모빌										
69	사훈										
70	회사마크										
71	식순										
72	국기										
73	사기										
74	분임조 토의 주제										
75	선서문 표지										

3) (　　　　　)과정 설문서

본 과정에 적극적으로 참여하여 주셔서 대단히 감사합니다. 본 설문은 보다 좋은 프로그램 개발을 위하여 여러분의 고견을 듣고 반영하고자 합니다. 성의껏 작성하여 주십시오.

1. 본 과정에 대한 전반적인 의견은?

5	4	3	2	1

매우만족　　　　　　매우미흡

이유: ____________________

____

2. 본 과정은 실무에 어느정도 도움이 되셨습니까?

5	4	3	2	1

매우만족　　　　　　매우미흡

이유: ____________________

____

3. 본 과정은 자기계발에 어느정도 도움이 되셨습니까?

5	4	3	2	1

매우만족　　　　　　매우미흡

이유: ____________________

____

4. 본 과정중 가장 도움이 되었던 부분은?

1)

2)

3)

4)

5)

5. 본 과정의 강사에 대한 의견은?

1) ○○○

5	4	3	2	1

매우만족　　　　　　매우미흡

2.) ○○○

5	4	3	2	1

매우만족　　　　　　매우미흡

3) ○○○

5	4	3	2	1

매우만족　　　　　　매우미흡

4) ○○○

5	4	3	2	1

매우만족　　　　　　매우미흡

6. 본 과정에 대한 개선사항이 있다면?

____

____

____

____

7. 본 과정에 대한 전체적인 소감을 적어주십시요.

____

____

____

강의 KEY-WORD

KEY-WORD	내 용

강의 KEY-POINT SHEET

THEME	KEY-POINT	REMARKS
도　　입		
본　　론		
결　　론		
질의 응답		

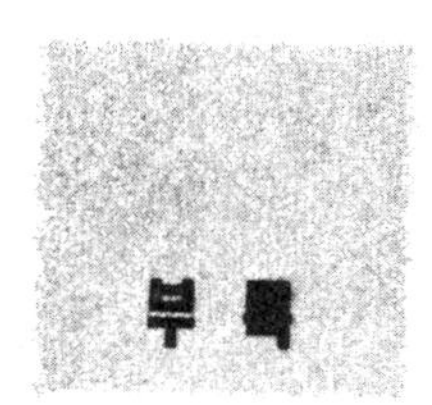

감동교육 KEY-POINT

교육이란?

인간을 바람직한 방향으로 변화시키기 위한 의도적인 활동이다.

1. 배운 것을 생활 현장에서 행동으로 옮기도록 하는 것
2. 현재보다 더 낳은 인생을 살도록 해주는 것
3. 약한 사람을 도와주는 것
4. 남을 성공시켜주는 것
5. 삶의 방향을 제시해 주는 것
6. 자율적으로 참 삶의 가치를 깨닫게 해주는 것

부 록
감동교육 KEY-POINT

I 고객감동 15의 5원칙

(The 5 Principles of 15 for Customer Emotion)

1. 호감받는 모습의 5요소

1) 밝은 눈빛
2) 밝은 표정
3) 밝은 음성
4) 세련된 매너
5) 단정한 용모, 복장

2. 고객감동 매너의 5요소

1) 인사
2) 표정
3) 언어

4) 태도

5) 용모, 복장

3. 인사의 5원칙

1) 인사는 내가 먼저

2) 상대를 바라보며

3) 밝은 표정 큰목소리로

4) 정성을 담아서

5) 상황에 알맞게

4. 표정연출의 5원칙

1) 밝은 표정

2) 부드러운 표정

3) 얼굴 전체가 웃는 표정

4) 뒷모습이 웃는 표정

5) 생기있는 표정

5. 언어디자인의 5원칙

1) 고운말

2) 표준말

3) 이해하기 쉬운 말

4) 정성이 담긴 말

5) 상황에 알맞는 말

6. 대화방법의 5원칙

1) 바른 자세로

2) 상대를 바라보며

3) 긍정적인 생각으로

4) 끝까지 경청하며

5) 상황에 알맞게

7. 언어표현의 5원칙

1) 밝은 눈빛

2) 밝은 표정

3) 밝은 음성

4) 밝은 내용

5) 밝은 마음

8. 고객접점 요원의 태도 5원칙(5S)

1) 일어선다(Stand up)

2) 상대의 눈을 바라본다(See)

3) 미소를 띤다(Smile)

4) 민첩하게 행동한다(Speed)

5) 상황에 알맞는 스킨십을 한다(Skinship)

9. 이미지 메이킹 기본의 5요소

1) 사람을 소중히

2) 만남을 소중히

3) 칭찬을 소중히

4) 자존심을 소중히

5) 신뢰를 소중히

10. 이미지 전달의 5요소

1) 단정한 용모복장

2) 호감주는 표정

3) 생기있는 음성

4) 감동주는 언어디자인

5) 세련된 매너

11. 습관변화의 5원칙

1) 인식

2) 의욕

3) 기량

4) 인내

5) 건강

12. 전화 응대의 5원칙

1) 신속

2) 정확

3) 간단

4) 정중

5) 미소

13. 전화 수화의 5원칙

1) 벨이 울리면 즉시

2) 왼손으로 수화기, 오른손으로 메모준비

3) 인사말과 정중한 태도

4) 성의있는 용건 처리

5) 종료 인사말과 태도

14. 전화 송화의 5원칙

1) 용건준비

2) 왼손으로 수화기, 오른손으로 다이얼링

3) 신분을 밝히고 상대확인

4) 성의있는 용건처리

5) 종료 인사말과 태도

15. 복장착용의 5원칙

1) 수치가림

2) 신체보호

3) 남과 어울림

4) 아름다움

5) 이미지 창조

Ⅱ 고객감동 5의 10강령

(The 10 points of 5 for Customer Emotion)

1. 고객을 위한 10계명

1) 고객은 우리 사업에 가장 중요한 인물이다.
2) 고객은 우리가 의지하고 있는 것이지, 고객이 의지하는 것은 아니다.
3) 고객은 우리 사업의 목적이지 훼방자가 아니다.
4) 고객은 우리에게 혜택을 줄 뿐 우리의 서비스가 고객에게 혜택을 주는 것은 아니다.
5) 고객은 우리 사업의 일부이지 국외자가 아니다.
6) 고객은 단순한 통계 대상자가 아니라 살과 피를 지닌 인간이다.
7) 고객은 논쟁의 대상도 희롱의 대상도 아니다.
8) 고객은 우리에게 소원을 말하고 그 소원을 채우는 것이 우리의 일이다.
9) 고객은 우리의 예절과 대접을 최고 수준으로 받을 권리가 있다.
10) 고객은 우리의 월급을 지급하는 사람이다.

2. 평생고객 창조의 10대 경어

1) 안녕하십니까 (안녕하세요)?

2) 어서 오십시오 (반갑습니다).

3) 무엇을 도와드릴까요?

4) 감사합니다.(고맙습니다).

5) 죄송합니다(미안합니다.)

6) 실례합니다.

7) 제가 도와 드리겠습니다.

8) 덕분입니다.

9) 축하드립니다.

10) 부탁드립니다

3. 효과적인 판매의 10가지 단계

1) 대기

2) 접근

3) 응대

4) 상품제시

5) 상품설명

6) 결정

7) 입금

8) 포장

9) 인계

10) 전송

4. 고객감동 이미지 창조의 10계명

1) 첫인상을 소중히 한다.
2) 용모 복장을 단정히 한다.
3) 밝은 표정과 얼굴 전체의 미소를 짓는다.
4) 눈으로 말하고 가슴으로 경청한다.
5) 귀로서 일하고 손으로 웃는다.
6) 인간미, 도덕성, 예절을 갖춘다.
7) 눈 높이를 같이 하고 민첩하게 행동한다.
8) 오는 사람 반갑게, 가는 사람 인상깊게 대한다.
9) 관심과 칭찬을 습관화한다.
10) 매순간 최우수 주연상을 받을 수 있는 이미지를 창조한다.

5. 전화 응대의 10대 강령

1) 왼손에 수화기를 들고 오른손으로 메모한다.
2) 벨이 울리면 신속히 받는다.
3) 말씨는 부드럽고 친절하게 한다.
4) 상대의 말을 끝까지 경청하며 의중을 정확히 파악한다.
5) 성의있고 책임 있게 답변한다.
6) 신속, 정확, 간단하게 메시지를 전달한다.
7) 바른 자세, 밝은 표정, 밝은 음성으로 통화한다.
8) 처음과 끝에는 인사말을 반드시 한다.
9)상대가 먼저 끊은 후 나중에 전화기를 놓는다.
10)전화 기능을 숙지하여 실수를 하지 않는다.

Ⅲ 친절서비스 행동예절 실습

1. 좋은 자세 멋진 동작

(1) 좋은자세

- 머리 :
- 시선 :
- 입술 :
- 치아 :
- 코 :
- 귀 :
- 얼굴 :
- 목 :
- 어깨 :
- 복장 :
- 부착물 :
- 액세서리 :
- 스타킹 :
- 구두 :

(2) 서 있는 우아한 자세

- 발

- 무릎
- 엉덩이
- 배
- 등줄기
- 가슴
- 어깨
- 턱
- 팔
- 입
- 시선
- 전체

(3) 멋진 동작

- 의자 출입
- 의자앉기
- 주목자세앉기
- 편히앉기
- 일어서기
- 걷기
- 뒤돌아가기
- 사선걷기
- 제자리 방향전환

2. 밝은 표정 훈련

(1) 표정과 발상

1) 아아 → 에에 → 이이 → 오오 → 우우

아아 ← 에에 ← 이이 ← 오오 ← 우우

2) 하하 → 헤헤 → 히히 → 호호 → 후후

하하 ← 헤헤 ← 히히 ← 호호 ← 후후

※ Shadow play (거울을 직접보며)

3) 발성연습

가 구 거 고 그 기 게 개

나 누 너 노 느 니 네 내

다 두 더 도 드 디 데 대

라 루 러 로 르 리 레 래

마 무 머 모 므 미 메 매

바 부 버 보 브 비 베 배

사 수 서 소 스 시 세 새

아 우 어 오 으 이 에 애

자 주 저 조 즈 지 제 재

차 추 처 초 츠 치 체 채

카 쿠 커 코 크 키 케 캐

타 투 터 토 트 티 테 태

파 푸 퍼 포 프 피 페 패

하 후 허 호 흐 히 헤 해

(2) 스마일 훈련(Smile Song)

※ 고향의 봄 노래에 맞추어
이 - 치즈 - 위스키
※ 산토끼 노래에 맞추어
위스키 깍꿍 깍꿍…

3. 마음의 문을 여는 인사 훈련

- 의식경례
- 큰경례
- 평경례
- 반경례
- 목례
- 큰절
- 평절

• 반절

※ 인사의 5원칙

4. 신뢰받는 대화 훈련

(1) 언어표현의 5원칙

(2) 언어디자인의 5원칙

(3) 대화방법의 5원칙

5. 안내 및 동작 훈련

(1) 방향지시

- 정중한 방향지시
- 보통 방향지시
- 약식 방향지시
- 응용 방향지시

(2) 명함교환

- 명함 건네기
- 동시 수수
- 명함 받기
- 명함 보관

(3) 소개하기와 차 접대

- 소개 순서
- 소개 방법
- 차 접대하기

(4) 악수

- 악수시 유의사항
- 악수의 종류

(5) 좌석배치

- 회의실
- 승용차
- 비행기
- 기차
- 배
- 버스

(6) 물건수수

- 물건 주기
- 물건 받기

6. 친절한 전화응대 훈련

(1) 전화기의 3대 역할

(2) 전화 고객의 3대 특성

(3) 전화 응대 5원칙

(4) 전화응대 기본 표현

상　　황	표　　현
첫인사	
상대 확인시	
전화 연결시	
기다리게 할 때	
기다리게 한 후	
종료시	

(5) 전화받는 방법

상　　황	방　법	표　현
벨이 울린다		
전화 받는다		
인사 및 자신을 밝힌다		
지명인을 확인한다		
용건을 듣는다		
통화 내용을 확인한다		
전언 부탁을 받은 경우		
종료 인사		
전화 끊는다		
사후 조치		

(6) 전화 거는 방법

상 황	방 법	표 현
준비		
전화 건다		
인사 및 자신을 밝힌다		
상대를 확인한다		
용건을 말한다		
부재시 메모를 부탁한다		
통화내용을 확인한다		
종료 인사를 한다		
전화를 끊는다		
사후 조치		

(7) 상황별 전화 응대요령

상 황	응 대 요 령
벨이 여러번 울린 후 받았을 경우	
찾는사람 부재중일 경우(거는 경우, 받는 경우)	
통화중 옆고객이 질문할 경우	
고객응대 중 다른전화가 걸려온 경우	
부득이 기다리게한 경우	
혼선이거나 잘안들릴 경우	
바로 답변 할 수 없을 경우	
잘못걸려온 경우	
통화중 끊어질 경우	
갑자기 기침이나 재채기가 나올 경우	
위치를 묻는 경우	
다른부서로 연결시킬 경우	

7. 종합훈련

(1) 친절도우미 모델링

1) 표정 모델링

(산토끼)

※동작 : 목례하면서 박수치기 반복

산토끼 토끼야 어데를 가느냐

위스키 깍꿍깍꿍 위스키 깍꿍깍꿍
깡총 깡총 뛰면서 어데를 가느냐
깍꿍 깍꿍 위스키 위스키 깍꿍깍꿍

2) 인사 모델링

(반달)

푸른하늘 은하수 하얀 쪽배에
1. 인사는 내가먼저 상대를 보며
2. 모든분께 보상없이 호감을 주고
90도 인사, 천천히 일어나기

계수나무 한나무 토끼 한 마리
1. 밝은표정 큰 목소리 정성을 담아
2. 기쁨주고 고맙주는 정성된 마음
45도 인사, 30도 인사

돛대도 아니달고 삿대도 없이
1. 상황에 알맞게 섬김의 모습
2. 정성된 몸가짐 친절 서비스
(좌)한손 악수, (정면)두손 악수, (우)21세기 악수

가기도 잘도간다 서쪽나라로
1. 인사도 잘도한다 친절도우미
2. 2002 월드컵 친절도우미

큰절하기(90도인사)

3) 워킹 모델링

(서울의 찬가)

종이울리네 꽃이 피네 새들의 노래 웃는 그얼굴

도움을 주네 우아하네 아름다운 친절도우미

앞으로 걷기 뒤로 걷기 좌측앞으로사선걸음, 뒤로 사선걷기

그리워라 내 사랑아 내곁을 떠나지 마오

그리워라 친절도우미 내곁을 떠나지 마오

우측앞으로 사선걸음, 뒤로사선걷기 앞으로걷기

처음만나서 사랑을 맺은 정다운 거리 마음의 거리

처음만날때 친절로 만난 정다운 친절 마음의 친절

뒤로3보가서 돌아가기 박수치며 제자리 방향전환

아름다운 서울에서 서울에서 살으렵니다

도움주고 우아하고 아름답게 살으렵니다

앞으로 걷기 뒤로 걸어걷기

4) 안내 모델링

(가을바람)

가을이라 가을바람 솔솔 불어오니

세계선수 세계손님 솔솔 찾아오니

정중 오른쪽 정중왼쪽 똑바로가서 오른쪽

푸른잎은 붉은치마 갈아입고서

국민들은 친절치마 갈아입고서

보통오른쪽 보통왼쪽 보통똑바로 가서 오른쪽

남쪽나라 찾아가는 제비 불러모아

세계선수 세계손님 모두 불러모아

약식오른쪽 약식왼쪽 감동안내오른쪽

봄이오면 다시오라 부탁하노라

감동주며 다시오라 부탁하노라

제자리 감동안내 왼쪽 제자리

5) 전화 모델링

(개나리)

※동작 : 왼손 전화받고 오른손 메모하기 반복

나리 나리 개나리 입에 따라 물고요

전화 친절 응대는 왼손 전화기 오른손 메모

병아리떼 종종종 봄나들이 갑니다

신속정확 간단과 정중미소 감사합니다

6) 이미지 모델링

(좋아졌네)

(후렴) 좋아졌네 좋아졌어 몰라보게 좋어졌어

앞으로 걸어가서 오른방향제시, 뒤로걸어오른방향제시

이리보아도 좋아졌고 저리보아도 좋아졌어

오른사선걸음이동 정중오른방향제시, 왼쪽사선걸음이동 정중 왼쪽방향제시

우물가에 물을 긷는 순이얼굴이 하하-

인사표정 언어태도 용모복장이 하하-

오른손으로 이마, 얼굴, 입 두손 복장 두손펼쳐

소를모는 목동들의 웃는얼굴이 하하-

밝은눈빛 밝은표정 밝은마음이 하하-

오른손으로 눈, 얼굴, 두손마음 두손펼쳐

마을마다 길가에는 예쁜꽃들이 하하-

우아하고 아름다운 도우미들이 하하-

오른손오른쪽, 왼손왼쪽, 오른손정면을 손바닥이위로향하게 (사람을)가르키기, 두손펼기

랄라랄라 랄라랄라라

제자리 방향전환

7) 종합 모델링

(고향의 봄)

나의 살던 고향은 꽃피는 산골
이치즈 위스키 깍꿍깍꿍은
전화받기 메모하기 명함건네주고받기

복숭아꽃 살구꽃 아기진달래
고객감동 표정의 기본이고요
오른방향제시, 왼방향제시, 똑바로가서 오른방향제시

울긋불긋 꽃대궐 차린-동네
인사 표정 언어태도 용모복장은
앞으로 걸어가기, 뒤로3보가서돌아가기, 방향전환

그속에서 놀던때가 그립습니다
고객감동 예절의 기본입니다
정중악수-왼쪽, 정면, 오른쪽 45도 인사

8) 나눔과 TEAM 모델링

(아리랑)

아리랑 아리랑- 아라리요-
우리는 자랑스런 예절의 나라
45도 인사

아리랑- 고개를 넘어간다
예의바르고 친절하니 세계제일
악수 포옹 우측으로 이동

나를 버리고 가시는 님은
도움주고 우아하고 아름다운 도우미
45도 인사

10리도 못가서 발병난다
한국을 빛내니 별빛 같구나
악수 포옹 우측으로 이동

(2) 상황별 생활 언어훈련

상　　황	생활언어(인사말)
누구를 만났을 때	
어른이 외출하실 때	
어른이 귀가하셨을 때	
본인이 외출할 때	
본인이 귀가 했을 때	
저녁에 잠자러갈 때	
아침에 일어났을 때	
식사할 때	
어른이 부르실 때	
어른이 시키실 때	
남에게 잘못했을 때	
남의 도움을 받았을 때	

상 황	생활언어(인사말)
손님이 떠나가실 때	
방문하고 떠나올 때	
친구와 만났을 때	

※사랑받는 어린이 10대 인사말

(3) 슈퍼모델링 재강화

- 의자 출입
- 앉기
- 앉아서 인사
- 서기
- 제자리 방향전환
- 방향지시
- 상황별 인사
- 전통절
- 악수
- 명함 수수
- 전화응대 등

(4) 팀별 R/P

(5) 개인별 3분 스피치

(6) 질의 응답, 종합 토론, 발표, 피드백

(7) 종합평가

8. 친절도우미 실기 평가표

성명 : 채점자 :

	평가항목	배 점	득 점	비 고
1	기본자세(공수)	5		
2	표정	5		
3	의자 출입	5		
4	의자앉기	5		
5	주목자세앉기	5		
6	편히앉기	5		
7	일어서기	5		
8	앞으로 걷기	5		
9	뒤돌아 걷기	5		
10	사선 걷기	5		
11	제자리 방향전환	5		
12	정중한 방향지시	5		
13	약식 방향지시	5		
14	보통 방향지시	5		
15	만족안내	5		
16	감동안내	5		
17	영접	5		
18	배웅	5		
19	명함건네기	5		
20	명함받기	5		
21	물건수수	5		
22	물건줍기	5		
23	결재	5		
24	수명	5		
25	보고	5		
26	도어출입	5		
27	커피잔 내기	5		
28	커피잔 치우기	5		

	평가항목	배 점	득 점	비 고
29	커피 매너	5		
30	칵테일 매너	5		
31	포크, 나이프 사용	5		
32	내프킨 사용	5		
33	전화 받기	5		
34	전화 걸기	5		
35	의식 경례	5		
36	큰경례	5		
37	평경례	5		
38	반경례	5		
39	목례	5		
40	거수경례	5		
41	주목경례	5		
42	의자에 앉아서 경례	5		
43	의식 악수	5		
44	정중 악수	5		
45	보통 악수	5		
46	상급자 악수	5		
47	하급자 악수	5		
48	응용 악수	5		
49	포옹	5		
50	옷고름, 댓님매기	5		
51	큰절	5		
52	평절	5		
53	반절	5		
54	표정 Song R/P	5		
55	인사 Song R/P	5		
56	안내 Song R/P	5		
57	전화 Song R/P	5		
58	워킹 Song R/P	5		
59	이미지 Song R/P	5		
60	테이블 스피치 (Toast Master)	5		
계		300		

Ⅳ 친절서비스 이미지 모델링 체크리스트

1. 용모 · 복장에 대한 체크리스트 30가지(남성편)

항목		내용	check A	check B	check C
머리		① 깨끗이 면도하여 앞머리는 눈을 가리지 않는가?			
		② 잠을 잔 흔적은 없는가?			
		③ 비듬은 없는가, 냄새는 안나는가?			
얼굴		④ 수염, 코털이 있는가?			
		⑤ 이는 깨끗하고 입 냄새는 안 나는가?			
		⑥ 눈은 충혈되지 않고 안경은 더럽지 않은가?			
복장	와이셔츠	⑦ 소매 부분이나 칼라 부분이 더럽지 않은가?			
		⑧ 칼라 부분의 단추가 느슨하지 않은가?			
		⑨ 색상, 무늬는 적당한가?			
		⑩ 다림질은 잘 되어 있는가?			
	넥타이	⑪ 삐뚤어져 있거나 풀어져 있지 않은가?			
		⑫ 때, 얼룩, 구겨짐은 없는가?			
		⑬ 양복과 어울리는가?			
		⑭ 길이는 적당하고 타이핀 위치는 적당한가?			
	상의	⑮ 너무 화려하지 않은가?			
		⑯ 일어설 때 단추를 잠그는가?			
		⑰ 주머니가 블룩할 정도로 많이 넣지 않았는가?			
	바지	⑱ 다림질이 잘 되어 있고 무릎이 나와 있지는 않은가?			
		⑲ 벨트가 너무 꽉 조여 있지 않은가?			
손		⑳ 더러워져 있지 않은가?			
		㉑ 손톱이 길지 않은가?			
양말		㉒ 냄새나지 않은가?			
		㉓ 화려한 색상이나 무늬는 아닌가?			
		㉔ 양말을 안 신고 있지는 않은가?			

항 목	내 용	check		
		A	B	C
구 두	㉕ 잘 닦여져 있는가?			
	㉖ 굽이 닳아져 있지 않은가?			
	㉗ 색상이나 형태는 비즈니스에 적당한가?			
가방 지갑 명함지갑	㉘ 형태가 망가져 있지 않는가?			
	㉙ 깨끗이 손질되어 있는가?			
	㉚ 명함은 명함 지갑에 넣어져 있고 매수는 적당한가?			
개선할 사항				

2. 용모・복장에 대한 체크리스트 22가지(여성편)

항 목	내 용	check		
		A	B	C
머 리	① 청결하고 손질은 되어 있는가?			
	② 일하기 쉬운 머리형인가?			
	③ 앞머리가 눈을 가리지 않는가?			
	④ 유니폼에 어울리는가?			
	⑤ 머리에 한 액세서리가 너무 눈에 띄지 않는가?			
화 장	⑥ 청결하고 건강한 느낌을 주는가?			
	⑦ 피부 처리 및 부분 화장이 흐트러지지는 않았는가?			
	⑧ 립스틱 색깔은 적당한가?			
복 장	⑨ 구겨지지는 않았는가?			
	⑩ 제복에 얼룩은 없는가?			
	⑪ 다림질은 되어 있는가?(블라우스, 스커트의 주름 등)			
	⑫ 스커트의 단처리가 깔끔한가?			
	⑬ 어깨에 비듬이나 머리카락이 붙어 있지 않은가?			
	⑭ 통근시의 복장은 단정한가?			
손	⑮ 손톱의 길이는 적당한가(1mm 이내)			
	⑯ 손의 살은 깨끗한가?			

항 목	내 용	check		
		A	B	C
스타킹	⑰ 색깔은 적당한가? 늘어진 곳은 없는가?			
	⑱ 예비 스타킹을 가지고 있는가?			
구두	⑲ 깨끗이 닦여져 있는가?			
	⑳ 모양이 찌그러져 있지 않은가?			
	㉑ 뒤축이 벗겨지거나 닳아 있지는 않은가? (구겨 신거나 샌들은 보기 흉함)			
액세서리	㉒ 방해가 되는 액세서리나 눈에 띄는 물건을 착용하지 않았는가?			
개선할 사항				

- 머리부터 발끝까지 조화를 이루고 있는가?
- 직장에서의 용모는 활동적인 아름다움이 있다.
- 거울(전신 거울) 앞에서 다시 한 번 자기 점검을 하자.
- 바느질 세트는 가지고 있는가?
- 손수건은 2장 준비하자.

3. 스마일에 대한 체크리스트 8가지

내 용	check		
	A	B	C
① 당신은 자신의 웃는 얼굴이 맘에 듭니까?			
② 당신의 웃는 얼굴에 대해 남의 칭찬을 받은 적이 있습니까?			
③ 당신은 웃었을 때 자신의 입 모양과 치아에 자신이 있습니까?			
④ 당신의 치아는 하얗고 윤이 나고 있습니까?			
⑤ 웃을 때 입에 손을 대는 버릇이 있습니까? ⑥ 사진 찍을 때 자연스럽게 웃는 얼굴을 취할 수 있습니까?			
⑦ 웃는 얼굴은 건강을 위해 좋다고 생각합니까?			

내 용	check		
	A	B	C
⑧ 자신의 웃는 얼굴을 바꾸고 싶은 생각이 있습니까?			
개선할 사항			

4. 호감도에 대한 체크리스트 30가지

내 용	check		
	A	B	C
① 인사는 내가 먼저, 상대에 알맞게 하고 있는가?			
② 인사말은 언제나 밝고 큰 목소리로 하는가?			
③ 감사하는 태도와 웃는 얼굴로 인사를 하는가?			
④ 인사말은 타이밍에 맞고 적절한 표현을 쓰는가?			
⑤ 고객에 대한 인사에 이은 다음 말도 준비하는가?			
⑥ 인사는 중요하다는 인식을 갖고 있는가?			
⑦ 청결감을 주는 복장을 염두에 두고 있는가?			
⑧ 머리는 청결히 하고 면도는 깨끗이 하는가?			
⑨ 넥타이는 양복과 잘 어울리는가?			
⑩ 와이셔츠나 블라우스는 깨끗한가?			
⑪ 규정에 따른 복장을 하고 있는가?			
⑫ 구두는 깨끗하고 양말이나 스타킹은 복장과 잘 어울리는가?			
⑬ 상냥한 태도는 늘 잊지 않고 있는가?			
⑭ 고객과 친숙한 대화를 해야겠다는 마음가짐이 있는가?			
⑮ 칭찬이나 위로의 말은 늘 머릿속에 정리되어 있는가?			
⑯ 고객이 지금 무엇을 찾고 있는가에 늘 신경을 쓰는가?			
⑰ 고객의 상황을 파악하려고 늘 애쓰는가?			
⑱ 고객을 위한 일을 최우선으로 하고 있는가?			
⑲ 일을 적절한 판단으로 재빠르게 처리하는가?			
⑳ 편지 · 전화 · 전보 등 마음이 통하는 일을 실행하는가?			
㉑ 전화는 정확 · 간단 · 정중하게 통화하는가?			

내　　용	check		
	A	B	C
㉒ 전화 벨이 울리면 신속히 받는가?			
㉓ 전화를 끊을 때는 고객이 먼저 끊은 후 조용히 끊는가?			
㉔ 고객이 곤경에 처했을 때 먼저 말을 붙이는가?			
㉕ 고객과 대화 중에 전문 용어를 쓰지 않으려고 신경 쓰는가?			
㉖ 언어의 사용은 적절한가?			
㉗ 좋지 못한 태도나 말투는 없는가?			
㉘ 말한 것은 반드시 실천하고 책임을 지는가?			
㉙ 약속은 반드시 지키는가?			
㉚ 고객 감동 서비스를 실천하겠다고 늘 생각하는가?			
개선할 사항			

5. 이미지에 대한 체크리스트 10가지

내　　용	check		
	A	B	C
1. 인사의 자세 및 각도는 어떠한가? A. 세련되고 정중하다. B. 평범하다. C. 서툴고 다소 어색하다.			
2. 얼굴의 표정 및 미소는 어떠한 느낌인가? A. 밝고 자연스럽다 B. 평범하다 C. 어둡고 딱딱한 느낌이다.			
3. 머리 스타일은 어떠한가? A. 잘 어울리며 단정하다. B. 평범하다. C. 단정치 못하다.			

내 용	check		
	A	B	C
4. 착용한 액세서리(반지, 귀걸이, 목걸이 등)의 조화미는? A. 아주 잘 어울린다. B. 평범하다. C. 다소 조화가 부족하다.			
5. 복장의 조화의 정도는? A. 아주 잘 어울린다. B. 평범하다. C. 다소 조화가 부족하다.			
6. 손발의 모습은 어떠한가? A. 단정하다. B. 위치가 불안하다. C. 독특한 버릇이 있다.			
7. 동작의 연결성 및 자세는 어떠한가? A. 경쾌하다. B. 급하거나 느리다. C. 어색하다.			
8. 발표 능력은? A. 우수하다. B. 보통이다. C. 다소 부족하다.			
9. 음성 표현의 느낌은 어떠한가? A. 밝고 다정하다. B. 유아적이다. C. 어둡다.			
10. 매너 · 에티켓의 수준은? A. 자신있다. B. 보통이다. C. 부족하다.			
개선할 사항			

6. 인사에 대한 체크리스트 10가지

내 용	check		
	A	B	C
① 아침에 "안녕하십니까?"라고 가족, 동료에게 밝게 말을 걸고 있습니까?			
② 가정에서 "다녀오겠습니다." "다녀왔습니다." "다녀오십시오." "잘 다녀오셨습니까?"라고 명랑하게 인사하고 있습니까?			
③ 이웃분이나 아는 분을 스쳐 지나갈 때, 미소 지으며 인사하거나 미소 띤 얼굴을 하고 있습니까?			
④ 사람 사이를 지나갈 때 "실례하겠습니다."라고 말하고 있습니까?			
⑤ 엘리베이터에서 내릴 때 다른 사람에게 "먼저 내리겠습니다."라고 말하고 있습니까?			
⑥ 상대방에게 사소한 것이라도 도움을 받았을 때 곧 "감사합니다."라고 말하고 있습니까?			
⑦ 공중전화에서 뒤에 줄서있는 사람에게 "오래 기다리셨습니다."라고 말하고 있습니까?			
⑧ "변명할 여지가 없습니다." "죄송합니다."라고 솔직하게 말할 수 있습니까?			
⑨ 누군가 불렀을 때 상냥하게 "예."하고 대답할 수 있습니까?			
⑩ "잘 먹겠습니다." "잘 먹었습니다."가 습관화 되어 있습니까?			
개선할 사항			

7. 전화 응대에 대한 체크리스트 24가지

	내 용	check		
		A	B	C
전화를 받을 때	① 벨이 울리면 바로 수화기를 듭니까?			
	② 수화기를 들면 소속, 이름을 말합니까?			
	③ 전화 연결을 부탁받으면 바로 연결하여 줍니까?			

내 용		check		
		A	B	C
전화를 받을 때	④ 용건을 전달받으면 복창을 한다든지 확인하고 있습니까?			
	⑤ 전언 내용을 확인한 다음 즉시 전달해 줍니까?			
	⑥ 부재중의 전화는 전언이 없어도 본인이 돌아왔을 때 보고합니까?			
	⑦ 전화를 받은 다음 담당자를 몰라 망설이지 않고 즉시 연결시켜 줍니까?			
	⑧ 사람을 찾는다든지 서류를 찾을 때 통화 보류 버턴을 반드시 누르고 있습니까?			
	⑨ 조사하는 시간이 걸릴 때 이쪽에서 약속 시간에 다시 전화하고 있습니까?			
	⑩ 자기가 잘 알지 못할 때 다른 사람에게 바꾸어 주고 있습니까?			
	⑪ 말은 명확하고 확실하게 발음하고 있습니까?			
	⑫ 통화가 끝나면 상대가 끊는 것을 기다려 조용히 끊습니까?			
전화를 걸 때	① 상대의 번호, 소속, 성명을 확인한 다음 전화를 겁니까?			
	② 전화로 이야기하고 있는 상대가 바로 눈앞에 있다고 생각하며 말하고 있습니까?			
	③ 전화를 걸 때 상대편의 편리한 시간대를 생각하고 있습니까?			
	④ 왼손에 전화기를 들고 오른손으로 메모를 합니까?			
	⑤ 상대를 확인한 다음 이야기를 하고 있습니까?			
	⑥ 회사의 전문 용어나 틀리기 쉬운 단어는 알기 쉽게 설명하고 있습니까?			
	⑦ 통화가 길지 않도록 요령있게 대화하고 있습니까?			
	⑧ 전언을 의뢰할 때 내용을 간결하게 하고 자신의 이름을 말하며 상대의 이름을 확인하고 있습니까?			
	⑨ 상대의 대답을 확인하면서 대화하고 있습니까?			
	⑩ 통화 후 인사를 하며 상대보다 수화기를 늦게 놓고 있습니까?			
	⑪ 전화를 잘못 걸었을 때 정중히 사과하고 있습니까?			
	⑫ 한번으로 용건을 끝낼 수 있도록 신속, 정확, 간단, 정중, 미소의 전화 응대 5원칙을 준수합니까?			
개선할 사항				

8. 커뮤니케이션에 대한 체크리스트 16가지

	내 용	check		
		A	B	C
듣기	① 상대가 얘기를 꺼내기 쉽도록 당신의 분위기가 몸에 배어 있습니까?			
	② 남의 얘기를 들을 때 상대의 눈을 보고 진지한 자세로 듣습니까?			
	③ 남의 얘기를 편견이나 선입관에 사로잡히지 않고 들을 수 있습니까?			
	④ 상대의 얘기를 중간에 끊지 않고, 끝까지 들을 수 있습니까?			
	⑤ 사실과 의견을 바르게 구별해 듣고 있습니까?			
	⑥ 5W 2H를 잘 파악하면서 듣습니까?			
	⑦ 일의 지시를 받았을 때 복창합니까?			
	⑧ 당신과 얘기한 사람이 자신감을 가지고 안심할 수 있게끔 적당히 대답하고 아낌없이 칭찬하며 듣습니까?			
말하기	① "안녕하십니까?", "어서 오십시오." 등의 인사를 항상 스스로 먼저 합니까?			
	② "감사합니다.", "수고하셨습니다."라고 감사와 위로의 말을 진심으로 아낌없이 합니까?			
	③ 순수하게 "정말 죄송합니다."라고 사과의 말을 할 수 있습니까?			
	④ 밝게, 친절하게, 즐겁게 얘기합니까?			
	⑤ 경어를 바르게 사용합니까?			
	⑥ 거절할 수 없을 경우, 상대가 상처받지 않도록 말을 정중히 합니까?			
	⑦ 주위 사람의 장점을 발견하면 진심 어린 칭찬을 하고 있습니까?			
	⑧ 말은 사람의 됨됨이입니다. 항상 스스로의 인간성, 감성을 연마하는 노력을 합니까?			
개선할 사항				

V 기본 생활에티켓 테스트

1. 동방예의지국에 관하여 기술된 문헌은 동이열전이다. ( )
2. 예절은 더불어 살아가는 사람들이 약속해 놓은 생활방식이다. ( )
3. 자기관리하는 요령은 스스로 삼가는 것이고 대인관계 요령은 남을 편안하게 해 주는 것이다. ( )
4. 예절의 실제는 의사의 형태, 마음속에 있는 것이고, 예절의 격식은 그 의사를 남에게 인식시키는 의사소통(행동)이다. ( )
5. 남자의 평상시 공수는 왼손이 위로가게 두 손을 포게 잡는 것이고, 여자의 평상시 공수는 오른손이 위로가게 두 손을 포개 잡아야 한다. ( )
6. 읍례는 상읍례, 중읍례, 하읍례로 구분된다. ( )
7. 직계존속, 배우자의 직계존속, 8촌 이내의 연장 존속, 의식행사시는 큰절을 해야 한다. ( )
8. 절의 기본 회수는 남자는 한 번, 여자는 두 번하는 것이다. ( )
9. 의식경례는 90도, 큰경례는 45도, 평경례는 30도, 반경례는 15도 각도로 각각하는 것이다. ( )
10. 자기의 직계존속과 8촌이 넘는 할아버지 또는 할머니를 호칭할 때 대부 또는 대모라고 한다. ( )
11. 아버지와 4촌 이상인 아버지 세대의 어른과 그 배우자를 부를

때 아저씨 또는 아주머니라고 한다. (　)

12. 웃세대의 사돈 남녀에 대한 호칭은 사장 어른이라 한다. (　)
13. 예절에서 방향을 말할 때 전후좌우라 하지 않고, 동서남북이라 한다. (　)
14. 예절에서 북쪽의 기준은 혼인예식에서는 주례가 있는 곳이고, 사무실에서는 최상급자가 있는 곳이며, 교실에서는 선생님이 계신 곳이다. (　)
15. 예절에서 산사람은 동쪽이 상석이고, 죽은사람은 서쪽이 상석이다. (　)
16. 조문시 상제와 절을 할 때 상제가 먼저 절을 하고 손님은 나중에 한다. (　)
17. Service는 "Servus"라는 라틴어에서 유래되었으며 "노예상태"라는 의미였으나 현재는 상대를 향한 어진 마음과 정성을 다하는 행동이다. (　)
18. 고객감동을 위한 진실의 순간은 15초 이다. (　)
19. 서비스의 3대 특성은 동시성, 소멸성, 무형성이다. (　)
20. 서비스의 본질은 고객에게 호감과 기쁨을 주고 고마움을 느끼게 하며 가치있는 행동으로 자신과 고객과 기업에 이익을 가져오는 가치있는 행동이다. (　)
21. 서비스의 5가지 제공 SYSTEM은 Direct, Mail, Media, Image Mood, Elite 서비스이다. (　)
22. 매너의 5요소는 인사, 표정, 언어, 태도, 용모복장이다. (　)
23. 호감받는 5요소는 밝은 눈빛, 밝은 표정, 밝은 음성, 단정한 용모 복장, 세련된 매너이다. (　)

24. 친절 서비스의 실제는 진실된 마음으로 하는 것이다. (　)
25. 첫 인상을 결정짓는 데는 시선처리가 가장 중요하다. (　)
26. 직장에서 최상급자에게는 45도 경례를 하면 된다. (　)
27. 전화 응대 5원칙은 신속, 정확, 간단, 정중, 미소이다. (　)
28. 전화를 수화할 때는 왼손으로 전화기를 들고 오른손으로 메모하는 것이 예의이다. (　)
29. 미소와 인사, 민첩한 행동은 고객감동 서비스에 중요한 요소이다. (　)
30. 계단을 올라갈 때 안내를 할 경우에는 남녀를 불문하고 앞서가면서 안내해야 하며, 목적지까지 친절하게 정중히 안내해야 한다. (　)
31. 고객감동 서비스 정착은 고객과 접점에 있는 직원을 가장 중요하게 생각하면서 고객에게 최고의 서비스를 제공할 수 있도록 지원하는 기업풍토가 조성되어야 한다. (　)
32. 서양에서 초대를 받았을 때 초대장에 White Tie라고 표시된 것은 연미복을 의미하며 백색타이, 백색조끼, 백색장갑을 착용하라는 의미이다. (　)
33. 모닝코트는 주로 장례식에 참석할 때 많이 입게 되는데 이때는 검정타이와 검정장갑을 착용한다. (　)
34. 여성의 이브닝드레스는 남성의 연미복에 상응하는 정식야간 복장이다. (　)
(모자를 쓰지 않고 흰색장갑, 옷자락은 긴 것, 소매가 아주 짧고 앞가슴이 파짐)
35. 구미에서 사교적 목적의 방문시간은 오후 3시 이후 식사전으로

인식되어 있다. (   )

36. 처음 방문했을 때 머무르는 시간은 도착 후 약 15분 정도 머무르다가 일어나는 것이 예의이다. (   )
37. 서양 레스토랑에서 좋은 자리의 조건으로는 첫째 앉았을 때 전망이 좋은 자리가 최상석이다. (   )
38. 테이블에서 가슴까지는 대개 주먹 2개만큼의 거리를 두는 것이 예의이다. (   )
39. 레스토랑이나 연회석에 참석할 때 모자나 코트, 가방 등의 짐은 클로크 룸에 맡기는 것이 예의이다. (   )
40. 레스토랑에서 빵은 스프를 먹고 나서 먹기 시작하는 것이 예의이다. (   )
41. 레스토랑에서 와인 선택의 4가지 포인트는 산지, 수확연도, 브랜드명, 요리와의 조화이다. (   )
42. 와인에 대한 시음은 손님을 초대한 후 Host가 제일 먼저 하는 것이 테이블 매너의 상식이다. (   )
43. 레스토랑에서 와인 등을 따라줄 때 글라스를 들어 올려 받는 것은 예의가 아니다. (   )
44. 레스토랑에서 샐러드와 고기요리는 번갈아 가면서 먹는 것이 예의이다. (   )
45. 프랑스에서는 디저트 전에 치즈를 먹는다. (   )
46. 레스토랑에서 핑거볼에는 한손씩 손을 씻는다. (   )
47. 양식에서 식후주는 남성은 브랜디, 여성은 리큐어를 즐겨 마신다. (   )
48. 공식만찬회에서 건배는 보통 디저트 후 인사를 하기전에 한

다. (　)

49. 레스토랑에서 생선은 뒤집지 않는 것이 매너이다. (　)

50. 레스토랑에서 식전주용 칵테일로는 남성의 경우 마티니, 여성의 경우 맨해튼이 적당하다. (　)

51. 빵은 나이프로 잘라 먹지 않는다. (　)

52. 와인에 대한 시음은 시각, 후각, 미각의 세 감각기관을 동원해야 한다. (　)

53. 와인을 마시기 전에는 반드시 냅킨으로 입술을 닦는다. (　)

54. 프랑스 요리에서는 소스가 나올 때까지 요리에 손을 대지 않는다. (　)

55. 스테이크의 참맛은 육질에 있다. (　)

56. 레스토랑에서 떨어뜨린 포크나 나이프는 직접 줍지 않는 것이 예의이다. (　)

57. 여성의 경우 교회에서는 모자를 쓰고 만찬회에서는 모자를 벗는 것이 예의이다. (　)

58. 남성의 경우 길거리에 서서 여성과 이야기를 나눌 때 모자를 벗는 것이 예의이다. (　)

59. 연극, 오페라, 발레는 막이 내린 후 기악은 마지막 악장 후에 국악은 한곡 연주후에 박수를 치는 것이 예의이다. (　)

60. 비행기는 상사가 마지막 탑승하고 최초로 내리도록 하는 것이 예의이다. (　)

61. 양식 테이블에서 물은 자신의 오른쪽에 있는 것이 자신의 것이다. (　)

62. 양식 테이블에서 빵은 자신의 왼쪽에 있는 것이 자신의 것이다. ( )

63. 비행기내 화장실에서 담배피우는 것은 금지되어 있다. ( )

64. 일본을 제외한 모든 나라에서는 팁에 대한 매너를 지켜야 한다. ( )

65. 여성간의 서열은 기혼자, 미망인, 이혼녀, 미혼자 순이다. ( )

66. 서양에서 에티켓의 기본개념은 상대방에 호감을 주고, 폐를 끼치지 않고, 존경하는 것이다. ( )

67. 에티켓의 유래는 프랑스 베르사유 궁전의 화원 옆에 세워진 입간판 (출입금지표시 말뚝)에서 유래된 것으로 15세기에는 궁정 에티켓, 17세기에 완전정비되었고, 1830년부터 공식의전으로 형식화되었다. ( )

68. 양식 테이블에서 여성은 남성의 오른쪽에 위치하도록 하는 것이 에티켓이다. ( )

69. 악수의 순서는 여성이 남성에게, 연장자가 연하자에게, 선배가 후배에게, 기혼자가 미혼자에게, 상급자가 하급자에게 먼저 청하는 것이 예의이다. ( )

70. 여성에는 "Sir"를 사용하지 않으며, 여성은 상대방이 아무리 지위가 높아도 나이가 비슷한 남성에게는 Sir라 하지 않는다. ( )

71. U.S .World Report 지에서 조사한 바에 의하면 고객을 잃는 이유중 가장 큰 비율(68%)을 차지하는 것은 태도이다. ( )

72. 고객의 종류는 외부고객; 내부고객, 매개 고객이 있다. ( )

73. 이미지란 고대불어 image(이마쥐)에서 유래된 것으로 어떤 정

보가 다른 정보매체로 그대로 기억되는 것이다. (   )

74. 이미지는 7초안에 첫 인상이 결정되는데 시각에 의한 이미지는 55%, 청각에 의한 이미지는 38%를 차지한다. (   )

75. 용모복장은 첫인상을 좌우하고 고객에게 신뢰를 주며 활기찬 직장분위기를 조성하고 일의 성과를 높이며 기분전환을 해준다. (   )

76. 인사는 섬김의 자세, 환영의 표시, 신용의 상징, 친근감의 표현이라고 할 수 있다. (   )

77. 인사의 5원칙은 내가 먼저, 상대방을 바라보며, 밝은 표정, 큰 목소리로, 정성을 담아서, 상황에 알맞게 하는 것이다. (   )

78. 자기를 낮추어 간접적으로 상대방을 존경할 때 사용하는 언어를 겸양어라 한다. (   )

79. 아이 메시지(I-message) 화법은 대화시 상대방에게 내 입장을 설명하는 것이 주안점이다. (   )

80. 상대방 말과 감정을 이해하기 위해 눈과 마음으로 듣는 것을 공감적 경청이라 한다. (   )

81. 자가운전의 경우 운전석 옆자리가 상석이다. (   )

82. 고객감동 응대를 위한 5S는 Stand up, See, Smile, Speed, Skinship이다. (   )

83. 서비스의 3대 과실은 무관심, 교만, 핑계이다.(   )

84. 시점별 서비스는 Before Service, On Service, After Service가 있다. (   )

85. 불만고객의 95% 고객은 불만을 표현하지 않는다. (   )

86. 인사의 포인트는 스마일, 바른 시선과 턱의 위치, 인사말,

허리인사이다. ( )

87. 화장실, 목욕탕에서 아는 사람을 만났을 때와 바쁘게 일을 하는 중에 손님을 맞이할 때는 눈인사를 한다. ( )
88. 남자는 차렷자세로 인사하고 여자는 두손을 모아 배꼽 앞으로 자연스럽게 붙여서 공수를 하고 인사를 한다. ( )
89. 자기보다 5년 이상 입사 선배이거나 연상자이면 남녀 모두 선배님이라 부른다. ( )
90. 대화시 사람의 신체적인 태도에 관계된 것을 신체언어(body language)라고 한다. ( )
91. 차대접시 내용물은 잔을 70%만 채운다. ( )
92. 지하철, 버스 승차매너에서 탈 때는 여성이 먼저, 내릴 때는 남성이 먼저 내린다. ( )
93. 방향전환시 뒤로 방향전환은 우로 방향전환을 두번 반복한다. ( )
94. 보통 악수시 시선은 상대방의 눈→손→상대방의 눈을 보며 한다. ( )
95. 고객소개시 남성과 여성사이에는 남성을 여성에게 먼저 소개한다. ( )
96. 엘리베이터에서 안내하는 사람이 있을 때는 상급자가 먼저타고 먼저 내린다. ( )
97. 호텔욕실에는 3종류의 타월이 있다. ( )
98. 호텔에서 아침에 원하는 시간에 깨도록 교환에게 부탁하는 것을 Morning Call이라 한다. ( )
99. 양식 식탁에서 나이프는 오른손으로 사용한다. ( )

100. 식사가 끝났을 때 나이프는 뒤쪽에, 포크는 자기 앞쪽에 오도록 가지런히 모아서 접시 중앙의 오른쪽으로 비스듬히 놓는다. ( )

Ⅵ 친절서비스 WORK SHEET

1. MOT 서비스 혁신

MOT	고객의 기대	우리의 현상	혁신과제	선진지표	중점추진 과제

2. MY MOT

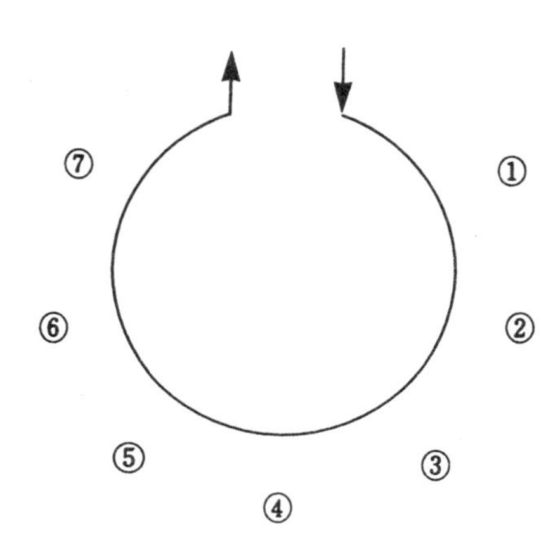

①______________________________

②______________________________

③______________________________

④______________________________

⑤______________________________

⑥______________________________

⑦______________________________

3. MY MOT 서비스 혁신

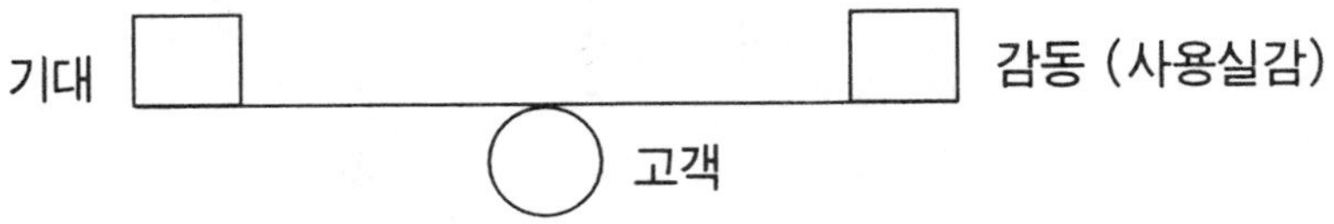

기대 ☐ ☐ 감동 (사용실감)

○ 고객

고객기대	MOT	혁신각오 (고객감동)

4. 친절서비스 WORK-SHOP 평가표

1. 팀 명 :

2. 팀원명 :

   팀장 :

   팀원 :

3. 최우수자 : (사유 :)

평가항목	배 점	득 점	비 고
친절서비스 예절	30		
WORK-SHOP발표 (토의 발표)	30		
ROLE PLAYING (역할 연기)	40		
계	100 점		

5. 교육생 WORK-SHEET

평가항목	내　　　용	비　고
1. 가르쳐 준다		
2. 해보인다.		
3. 시켜본다.		
4. 평가한다.		
5. 피드백(재교육)		
질의 응답		
교보재 팀편성 보조요원		

6. 나의 비전, 나의 다짐

성명: ____________________

현재의 모습	10년후	장래를 위한 나의 다짐
나 자신		
가정		
직장		